KB017879

농구인 김영기

농구인 김영기

허진석

글누림

머리말

필자는 2020년 12월 21일부터 농구전문지 『점프볼』에 「허진석의 농담(籠談)」이라는 타이틀을 걸고 칼럼을 게재해왔다. 존경하는 언론인 박진환 대선배의 배려에 힘입어 딱히 마감일을 정하지 않고 주제도 특정하지 않은 채 부정기 연재를 하는 특혜를 긴 시간 누렸다. 그러나 2021년 9월 24일에 당시 프로농구 모비스의 감독으로 일하던 유재학을 주제로 글을 쓴 뒤 오랫동안 「농담」을 하지 못했다. 핑계를 대자면 필자가 몸담은 한국체육대학교도 코로나 위기로부터 자유롭지 않아서, 농구팬과 『점프볼』의 독자에게 무언가를 말하기에 앞서 내 학생들에게 집중해야 했다. 하지만 더 정직하게 말한다면, 능력이 한계에 부딪쳤다고 해야 옳다. 현장 스포츠의 영역에서나 학문 또는 고찰의 대상으로서 농구의 영역에서 더 할 말을 찾지 못한 것이다.

필자는 중앙일보 체육부에서 일하던 2006년 8월에 신매체본부로 자리를 옮겨 『중앙SUNDAY』 창간 작업에 참여하면서 현장을 떠났다. 2012년 중앙일보를 떠난 뒤로는 기껏해야 한두 번 프로농구

나 대학농구 경기를 보러 경기장에 가는 평범한 팬이 되었다. 경기
장에서 필자의 자리는 어디까지나 관중석이었다. 「농담」을 시작할
때는 경기장을 자주 찾기도 어려운 형편이 되었던 것이다. 그럼에
도 농구와의 인연을 완전히 끊을 수 없었던 이유는 필자의 연구와
관련이 있다. 필자는 모교인 동국대학교 대학원에서 제3공화국의
체육정책을 연구주제로 삼아 2009년에 박사학위를 받은 다음 연구
자의 길을 가기로 마음먹었다. 중앙일보에 사직서를 제출한 시기는
이러한 결심이 구체화되었을 때다. 여러 가지 구차한 이유를 주워
섬겨가며 간신히 신문사의 현관을 나올 때는 '전업학자'를 꿈꾸었
지만 그렇게 되지 않았다. 지금은 꼭 그렇지만도 않다고 여기지만
당시에는 대학이 연구를 수행하기에 가장 적당한 곳이라고 생각했
다.

　필자와 주변의 상황이 어떻게 바뀌든 연구를 하겠다는 생각과
논문을 써야 한다는 목표는 선명했다. 이 과정에서 필자의 시선은
우리 스포츠의 가까운 과거와 마주쳤다. 가까이는 제3공화국, 멀리
는 일제강점기가 우리 스포츠와 관련한 필자의 관찰범위가 되었다.
세계사의 측면에서 본다면 독일과 일본, 미국의 특정한 시기를 포
함할 수 있다. 프로이센과 바이마르, 나치 중심의 일정 구간, 한반도
강점기의 제국주의 일본과 관련한 부분적 관심이 필자의 연구에 자
극과 동력을 제공하였다. 한 시대의 스포츠라는 주제에 몸을 담그
는 일에는 작으나마 디딤돌이 필요했는데 필자에게는 농구가 그 역

할을 해주었다. 필자의 연구는 화선지를 점과 선으로 물들인 먹물처럼 농구를 중심으로 브라운 운동을 해나갔다.

필자는 우리 농구가 미국과 일본의 특정한 영향 속에서 성장해 왔다고 판단한다. 일제강점기 일본과의 관계는 교류와 경쟁이라는 숙명으로부터 자유로울 수 없다. 제국의 중심 도쿄는 새로운 지식과 문화와 유행의 발신지요 최전선일 수밖에 없었을 것이다. 광복과 분단, 미군의 진주 등 역사의 굴곡은 우리 농구에도 직간접의 영향을 미쳤다고 본다. 기술적인 측면에서 미국은 우리 농구에 강한 자극과 동기를 부여하였는데 이러한 맥락에서 몇몇 위대한 농구인의 이름을 들 수 있다. 존 번, 찰리 마콘, 제프 고스폴과 같은 미국인 지도자와 1969년과 1970년 잇달아 아시아를 제패한 대한민국 남자 농구 최초의 황금세대가 그들이다. 하지만 황금세대보다 앞서 남이 걷지 않은 길을 걸어간 인물이 있다. 프랑스의 영화 감독 장뤼크 고다르와 같은 존재.[01]

우리 농구 역사를 돌아볼 때, 시대를 가르는 한 사람을 고른다면 누가 될까? KBS 기자 정재용이 손꼽은, "농구의 역사를 영원히 바꿔 놓은 인물" 마이클 조던과 같은 선수는 누구인가. 여자농구라면 쉬운 문제다. 박신자가 정답이다. 박신자는 100년이 넘는 한국농구 역

---

01 고다르는 1960년에 개봉한 「네 멋대로 해라(À bout de souffle)」로 영화사에 길이 남을 이름이 되었다. 장-폴 벨몽도가 주연을 맡은 「네 멋대로 해라」는 프랑수아 트뤼포가 "고다르 이전의 영화와 고다르 이후의 영화가 존재한다."고 말했을 정도로 영화사상 중요한 위치에 올라 있다.

사상 남녀를 통틀어 가장 위대한 선수라 해도 지나친 말이 아니다. 박신자가 있었기에 우리 여자농구가 세계수준에서 경쟁할 수 있었다. 박신자의 유산은 우리 농구계에 선명하게 남아 숨을 쉰다. 2015년 7월부터 그의 이름을 딴 '박신자컵 서머리그'가 열리고 있다.

박신자의 현역 시절 포지션은 센터였다. 신장 1m76cm. 장신은 아니다. 그러나 그의 농구는 거대했다. 최고의 업적은 한국을 최초로 국제대회 결승으로 이끈 1967년 제5회 세계선수권대회(체코)다. 한국은 소련에 이어 준우승했다. 당시 한국 팀의 평균 신장은 1m68cm. 이 키로 평균 신장 1m90cm를 넘는 동유럽 팀들을 제압했다. 체코슬로바키아, 동독, 유고슬라비아…. 경기당 19.2득점을 기록한 박신자는 대회 최우수선수(MVP)가 됐다. 준우승 팀 소속의 MVP는 당시에도 지금도 흔한 일이 아니다. 국제농구연맹(FIBA)은 "한국이 세계선수권대회 역사상 처음으로 시상대에 오른 아시아 국가가 되면서 역사의 한 페이지를 장식했다."고 기록했다.

1967년 도쿄유니버시아드 우승도 우리 농구 역사에 빛나는 성과다. 유니버시아드는 비록 대학생의 대회지만 대단한 의미가 있다. 우리 농구가 세계 최고를 의식하면서 도전하고 성취한 역사이기 때문이다. 한국은 세계선수권 준우승 멤버를 모두 보내 일본을 누르고 우승했다. 박신자는 4경기에서 111점을 넣어 득점왕이 됐다. 그는 이 대회를 마지막으로 현역에서 물러났다. 당시 나이 26세, 요즘 기준으로는 너무 이른 은퇴였다. 1967년 11월 2일, 장충체육관에서 은퇴경기가 열렸다. 평일임에도 농구팬 7000여 명이 모여들어 슈퍼스타와 작별했다.

남자농구에서 박신자에 비견할 선수는 누구인가. 의견이 다양할 것이다. 일제강점기에도 눈부신 농구를 한 선배들이 물론 있다. 농구가 처음으로 올림픽 정식종목이 된 1936년 베를린올림픽에는 이성구, 염은현, 장이진 등 조선 청년들이 일장기를 달고 출전했다. 그래도 이들은 제국주의 일본농구의 넘버 1~3은 아니었던 것 같다. 베를린올림픽 운영기록을 보면 이들이 주전 선수가 아니었음을 알 수 있다. 이성구는 일본이 출전한 세 경기 중 두 경기, 장이진은 한 경기에 나갔고 염은현은 출전기록이 없다. 일부의 주장처럼 '일제가 반도의 청년들을 심하게 차별했지만 세 선수는 워낙 기량이 출중하여 뽑지 않을 수 없었다.'면 베를린에서 일본이 출전한 경기에 모두 나갔어야 옳다.[02]

시간의 수레바퀴를 빠르게 돌려 보자. 농구대잔치 시대의 이충희, 허재를 어렵지 않게 떠올릴 수 있을 것이다. 이충희는 그 강렬한 이미지에도 불구하고 통산득점 기록에서 김현준에게 추월당했다. 허재의 재능은 시대를 초월할 정도였지만 국제무대에서 대표 팀에 미친 영향은 1982년 뉴델리 우승의 주역 신선우에 미치지 못한다. 중국과의 결승전 필름을 들여다보면 한국을 우승으로 이끈 리더가 누구인지 금방 알 수 있다. 신선우는 공격과 수비를 지휘했고, 경기

---

02 '용병'과 다름없으니까.

를 설계한 코치(방열)의 기대보다 훨씬 높은 수준의 경기력을 발휘했다. 하지만 무서울 정도의 집중력과 리더십, 코트 장악력을 발휘한 그에게도 슛이 부정확한 약점이 있었다.

이렇게 보면 1969년과 1970년 잇달아 아시아 무대를 평정한 멤버 가운데에서 골라야 할 것만 같다. 필자는 김인건-유희형-이인표-신동파-김영일로 이어지는 대표 팀의 베스트5를 광복 이후 우리 농구의 제1차 황금세대로 본다. 1970년 세계선수권대회에서 득점왕에 오른 신동파가 핵심이다. 제2차 황금세대는 박수교-신동찬-이충희-임정명-신선우의 1982년 아시안게임 우승멤버다. 여기 박인규, 이문규, 이민현, 김현준 등을 보탤 수 있다. 제3차 황금멤버는 '글쎄'다. 이상민, 문경은, 현주엽, 서장훈, 전희철 같은 걸출한 선수들이 출현했지만 어느 대회의 어느 트로피를 이들의 업적으로 꼽아야 할지 모르겠다. 2002년 부산에서 거둔 승리는 이들의 다음 세대라고 해야 할 김승현 없이 이해하기 어려운 업적이다.

사설이 길어졌다. 필자는 답안지에 '김영기'라고 쓰겠다. 필자는 김영기를 빼놓고 광복 이후 대한민국의 남자농구를 설명할 수 없다. 배재고와 고려대를 졸업한 그는 국가대표로 활약하면서 1956년 멜버른올림픽과 1964년 도쿄올림픽에 참가했다. 은퇴한 뒤에는 지도자가 되어 1970년 방콕아시안게임과 유고슬라비아 세계선수권대회에서 한국 남자농구대표팀을 이끌었다. 농구행정가로도 특출한 능력을 발휘하여 1984년 LA올림픽 한국선수단 총감독, 대한체육회 부회장을 역임했다. 프로농구 출범의 주역으로서 한국농구연맹(KBL)의 초대 전무이사와 부총재를 거쳤고, KBL 총재로도 일했다.

김영기는 한국 남자농구 역사상 광복 이후 등장한 첫 대중스타이다. 그는 멜버른올림픽과 1964년 프리올림픽, 도쿄올림픽에서 뛰어난 기량을 발휘해 명성을 얻었다. 국제무대에서 빛난 김영기의 경기력은 탁월한 개인기라는 특징으로 요약된다. 김영기는 트위스트 슛, 원 핸드 슛, 빠르고 다양한 드리블을 누구의 가르침도 없이 독자적으로 개발하고 익혀 자유롭게 사용하였다. 김영기는 은퇴 후 방송해설자와 코치로서도 능력을 발휘했다. 특히 1969년 아시아선수권대회와 1970년 아시아경기대회에서 한국을 아시아 정상으로 이끌었다. 그의 지도를 받은 선수들은 은퇴 후 우리 농구계의 중심인물로 활약했다. 김영기는 농구를 넘어 우리 사회의 존경과 신뢰를 받는 유명인사(Celebrity)로서 광범위한 영향력을 발휘하였다. 그러나 김영기가 2023년 현재 87세로서 고령에 속하고 주변인들 대다수가 세상을 떠났으며 후배 그룹인 김인건, 신동파, 방열 등도 노년에 접어들었기에 유의미한 구술과 자료를 확보해야 하는 시급성이 있다.

이런 이유 때문에 김영기에 대해 정리를 해두어야 할 필요를 강하게 느꼈다. 그 기반이 되는 작업으로 김영기가 쓴 『갈채와의 밀어』를 검토해야 했다. 필자는 젊은 시절 기자로 일할 때 이 책을 한차례 통독하였다. 신동파, 이인표, 김인건, 박한 같은 우리 농구의 레전드들이 이 책 이야기를 했고, 꼭 읽어보기를 권했기 때문에 내용이 궁금했다. 『갈채와의 밀어』는 누가 대신 써준 책이 아니다. 김영기가 처음부터 끝까지 써내려간 책이다. 젊은 날 김영기의 모습을 보여줄 뿐 아니라 그가 활동할 무렵 우리 농구의 프로필을 짐작하게 해준다. 그러나 오랜 시간이 지나 필자의 머릿속에서도 김영기가 『갈채와의 밀어』에 풀어 놓은 이야기들은 풍화를 면치 못했다. 그렇기에 이 책을 다시 읽기로 했다. 김영기의 필치에 주목하면서, 해설을 곁들여 읽음으로써 길동무로 삼고자 했다. 그 학문적 결과는 2022년 9월에 한국체육사학회지에 발표한 논문이며[03] 궁극적 결과물은 바로 이 책이다.

2023년 여름, 송파에서

---

03   김영기의 생애와 활동에 대한 연구, 한국체육사학회지 제27권 제3호, 2022. 9.

차례

머리말 — 05

I

MAGIC

하이카라 미남의 사인 — 19

메이드 인 유에스에이 — 22

은퇴한 스타를 위한 팬레터 — 27

은퇴의 변 — 32

러닝 타임 20초 — 41

아메리칸 바스켓볼 — 45

영원한 스승 조득준 — 52

트위스트 슛 — 58

존 번 — 63

서커스, 쇼 그리고 농구 — 70

타이베이의 이상한 박수 — 76

멜버른올림픽 대표 — 80

II

DREAM

절친 정운경 — 87

바늘구멍, 농구선수가 되는 길 — 91

운동부 순회대사 — 98

농구선수가 되다 — 103

불타버린 유니폼 — 109

담임선생 면담 — 115

첫 경기 — 121

궤도 진입 — 129

새벽 남산길 달리기 — 134

콤플렉스와 계란 — 139

아버지의 선물 — 143

딱 한 번 눈물 — 149

두 번 본 입학시험 — 153

원 핸드 숏 — 161

III

JUMP

후반에만 20득점 — 171

CISM 선수권 참가 — 177

요코하마 프리올림픽 — 185

올림픽이 인정한 '아시아 제일' — 195

9전9패, 1964 도쿄올림픽 — 203

아시아선수권대회와 아시아경기대회 — 207

IV

PEOPLE

김영기를 괴롭힌 선수들	— 213
김영기를 도운 선수들	— 228
김영기의 코치들	— 238
세계농구 체험	— 258
은퇴	— 265
해설가, 지도자, 체육행정가	— 270

V

KBL

마지막 염원	— 275
프로농구 연구	— 280
프로농구 출범	— 285
프로농구 개막	— 290
플러스 알파(+α)	— 298

군말 또는 갈무리	— 302

I

MAGIC

하이카라 미남의 사인

"고다르 이전의 영화와 고다르 이후의 영화가 존재한다."는 프
랑수아 트뤼포 식으로 말한다면, 한국농구의 역사상 "김영기 이전
의 농구와 김영기 이후의 농구가 존재한다." 물론 이 말이 김영기가
역사상 가장 뛰어난 경기를 한 (또는 그럴 능력이 있는) 선수였다는 선
언으로 직결되지는 않는다. 시대를 가로질러 종합격투기의 '파운드
포 파운드(P4P) 랭킹'과 같은 비교를 한다면 결과가 어떻게 될지 알
수 없다. 로키 마르시아노와 무하마드 알리가 한 링에서 주먹을 섞
었다면? 펠레와 디에고 마라도나가 같은 피치에서 경쟁했다면? 힉
슨 그레이시가 요즘의 옥타곤에서 경기를 했다면? 하지만 필자는
그런 방식으로 비교해서 승자를 가려내는 일에 흥미가 없다. 그런
노력의 의미를 그다지 크게 보지 않는다.

위에서 말한 방식을 살짝 비틀어 보자. 우리는 복싱의 슈거 레

이 로빈슨이나 축구의 프란츠 베켄바워, 야구의 베이브 루스와 같은 인물들에게서 역사적 의미를 발견해낼 수 있다. 김영기는 그 자체로서 위대할 뿐 아니라 역사적 맥락에서 더욱 위대하다. 한국 축구에서 차범근 이전에 이회택을 반드시 기억해야 하듯이 신동파와 신선우와 이충희와 허재, 그리고 그 이후 '마지막 승부' 세대의 청춘 스타들을 말하기 이전에 김영기를 깨달아야 한다. 필자가 말하고자 하는, '시대의 경계'가 되는 존재는 이런 의미이다. 필자는 앞서 우리 여자농구의 전설 박신자를 예로 듦으로써 모든 것을 설명했다고 생각한다. 역사학자 임병철이 말한 '최초의 르네상스인' 페트라르카와 같은 존재.

『갈채와의 밀어』를 발간한 원문각 출판사에서는 조선일보 1966년 10월 25일자 1면 왼쪽 아래에 꽤 큼직한 광고를 게재하였다. 광고 문구가 아주 재미있다. 일단 느낌표(!)를 아낌없이 사용했다. '國寶的 存在!', '東洋의 톱 플레이어 金永基 選手의 13년 간의 告白的 回顧錄!', '靑春白書!', '사랑과 눈물과 스릴이 躍動하는 赤裸裸한 告白!', '甘美로운 휴모(유머)와 윗트!', '最高의 선물!'…. 부제에도 느낌표가 들어갔다. '籠球여 安寧!' 흔히 카피(copy)라고 부르는 광고 문구를 보자. "密度 짙은 文章으로 描破한 스포츠·靑春·人生의 格調 높은 에세이集!" 특이하게도 책을 알리는 광고인데 책이 아니라 김영기의 사진을 넣었다. 1960년대 공무원이나 은행원들의 헤어스타일인 '하이카라' 머리를 한 김영기가 여성 팬들에게 사인을 해주고 있다. 옅은 미소에서 품위와 싱그러움이 함께 묻어난다. '저자의 말'에서는 겸손한 마음이 드러난다.

"저는 이루 헤아릴 수 없는 분들의 이루 헤아릴 수 없는 은혜를 입었습니다. 어떻게 감사해야 할지를 모르고 있습니다. 이 부끄러운 책은 그 몇 만분의 일이라도 보답하고 싶은 심정에서 썼습니다. 이 것뿐입니다. 이밖에는 아무것도 원하지 않습니다."

『갈채와의 밀어』는 1960년대에 나온 책이라고 믿기 어려울 만큼 생동감이 넘친다. 글쓴이의 재능을 여러 곳에서 짐작할 수 있다. 경향신문 1999년 4월 12일자 31면에는 64세의 김영기가 소설을 쓰고 있다는 기사가 보인다. 김영기는 가제를 '용병(傭兵)'으로 정한 이 소설에서 "한국 프로농구 리그에서 뛰고 있는 용병(외국인 선수)들의 삶을 리얼하게 담을 예정"이라고 했다. 코리안 드림을 꿈꾸며 한국 땅을 밟은 이후 겪은 국내선수와의 갈등, 그들의 사랑과 희망, 한국에서 경험한 여자관계를 빠뜨리지 않겠다고. 소설은 2000~2001시즌이 시작되기 전에 발간하겠다고 했다. 그러나 필자는 이 소설을 읽지 못했다. 출간하지 않았을 것이다. 김영기가 65세에 소설을 발표했다면 세상이 떠들썩했을 것이다. 대신 그는 KBL 총재로 일하던 2016년 동료 선후배들과 세상을 여행하며 겪은 이야기를 모아 『할배들의 무한질주』를 출간한다.

메이드 인 유에스에이

　우리 농구의 역사에 관심이 있는 농구팬들은 생각보다 많지 않은 것 같다. 관심은 대중적인 지식이나 상식으로 이어지고, 그 기반 위에서 '농구 문화'가 형성된다. 우리에게 농구 문화가 없지는 않고, 팬들의 농구지식도 간단치 않다. 학교에서 농구를 좋아하는 학생들과 대화하면 그들의 지식이 넓고 깊은 데 놀라기도 한다. 학생들의 지식은 미국농구 정보에 기초하고, 마니아라고 할 수 있는 학생들은 농구의 기술이나 작전에도 정통한 모습을 볼 수 있다. 그러나 우리 농구의 과거에 대한 상식은 없거나 얕다. (필자는 2013년에 방영된 한 농구 드라마의 PD가 "그 시절에 농구를 했던 사람이 있나, 농구가 존재했나 의아하게 생각했다."는 말을 듣고 몹시 놀랐다.) 물론 우리 농구의 역사를 모른다고 해도 농구를 즐기는 데는 아무 문제가 없다. 그래서 필자도 불평하거나 어떤 식으로든 비판하고 싶지 않다. 농구를 좋아하면, 농구를 사랑하면 그것으로 족한 것이다.

농구는 미국에서 비가 내리거나 추운 겨울에도 할 수 있는 구기 종목으로 고안된 운동 경기다. 1891년 매사추세츠 주 스프링필드에 있는 기독교청년회(YMCA, Young Men's Christian Association) 체육학교에서 일하던 캐나다 출신의 교사 제임스 네이스미스가 창안하였다. 농구의 인기가 빠르게 고조된 시기는 제2차 세계대전이 끝난 후부터이다. 우리나라에는 꽤 빨리 들어왔다. 1907년 황성기독교청년회(YMCA)의 초대 총무인 미국인 선교사 필립 질레트가 소개했다. 농구가 발생한 뒤 한 세대가 지나기도 전에 이 땅에 들어온 것이다. 1916년 3월 25일 미국인 바이런 반하트가 기독청년회 간사로 부임하면서부터 본격적으로 보급이 이루어지기 시작했다. 한국농구 역사에 이름을 남긴 첫 실력자들은 이성구, 장이진, 염은현 등인데 이들의 명성이 널리 알려진 시기는 1936년 독일의 베를린에서 열린 올림픽에 참가하는 일본대표팀의 일원으로 선발되었을 때다. 농구 경기는 베를린올림픽대회 때부터 올림픽 정식종목으로 채택되었다.

한국 남자농구 역사에서 진정한 의미의 스타플레이어들이 쏟아져 나오는 시기는 1960년대라고 할 수 있다. 일제강점기에 농구를 익혀 뛰어난 기량을 가진 선수들이 없지는 않았으나 그때는 농구라는 운동 자체가 민중이 광범위하게 참여하는 운동이 아니었다. 더구나 당시에는 스포츠와 체육을 전문적이고 대중적으로 다루는 신문이나 방송 매체가 없던 시기였다. 자연히 스타 선수들의 활약을 미디어를 통해 감각적으로 상시 확인할 수 있는 기회가 많지 않았다. 스포츠의 대중화란 미디어의 발전과 무관할 수 없다. 특히 방송 매체에 의해 폭발적인 대중화가 가능하다는 점에 주목하면 일제강점기나 광복 직후에 대중화된 스포츠 스타의 등장을 기대하기는 어려웠을 것이다.

한국에서 신문이 스포츠 내지 체육을 적극적으로 보도한 시기는 1890년대로 거슬러 올라간다. 계몽적 수단으로서 신문이 보건위생과 체력증진이라는 목표에 초점을 맞춘 기사를 게재하는 성격이 강했다. 방송에 의한 스포츠 중계는 1927년 전조선 야구선수권대회를 중계한 것이 시초이며 최초의 농구 중계는 1939년에 이르러서야 시작되었다. 1939년 7월 27일부터 3일 동안 캐나다 웨스턴 농구단이 한국을 방문해 연희, 보성전문과 경기를 할 때 경성방송에서 중계를 한 것이다(김원제). 이성구, 장이진, 염은현 등이 베를린올림픽에 나갔을 때, 이들의 소식은 조선중앙일보나 동아일보 같은 국내 언론 매체를 통하여 대중에 소개되었다. 그러므로 이들은 얕은 수준에서일지언정 미디어의 세례를 받은 최초의 선수들이라고 할 수 있다. 농구선수들 외에 육상 마라톤 종목의 손기정과 남승용, 축구 종목의 김용식 등이 일장기를 달고 베를린올림픽에 출전하였다.

광복 후에 출현한 김영기는 걸출한 기량을 지닌 선수로서 제3공화국 시기에 강력하게 시행된 체육정책에 영향을 받은 방송 매체들이 활발히 중계방송에 참여한 데 힘입어 전국적인 스타로 부각되었다. 김영기는 1956년부터 1965년까지 국가대표를 지냈고, 1969년부터 1974년까지 국가대표 코치와 감독을 지낸 성공한 농구인이다. 전례 없는 테크닉과 잘생긴 용모로 인기를 모은 그가 활약한 시기는 라디오로나마 경기 중계가 일반화되었을 때다. 그 시대를 산 세대라면 "고국에 계신 동포 여러분 안녕하십니까! 여기는 상하의 나라, 비율빈(필리핀)의 수도 마닐라입니다."로 시작되던 라디오 중계방송을 기억할 것이다. 또한 정부홍보시책으로 필름 영상물이 제작되기도 하였는데, 예를 들어 대한뉴스는 1964년 도쿄올림픽에 참가한 한국 남자농구 대표 팀의 경기내용을 영상물로 보도하면서 1964년 9월 25일 열린 쿠바와의 경기, 9월 27일에 열린 태국과의 경기 내용 및 결과를 전하였다.

당대 최고의 스타 선수로 우뚝했던 김영기의 바로 뒤 세대로 출현해 1960년대 후반 국가대표팀의 주축을 이루는 선수들이 김영일, 김인건, 이인표, 신동파, 유희형 등이다. 재능으로 충만한 이들은 김영기의 맹활약으로 인해 고조된 국민들의 농구에 대한 관심과 언론매체의 활발한 보도 및 중계 문화를 유산으로 물려받은 세대였다. 또한 존 번과 내트 홀맨, 찰리 마콘과 제프 고스폴로 이어지는 미국인 코치들에게 선진농구를 배우고 경기에 활용하면서 내면화한 그룹이기도 하다. 김영기는 선수로서 미국농구의 세례를 가장 먼저 받은 세대에 속한다. 광복 후 처음으로 한국을 방문해 선수들을 지도한 미국인 지도자는 미국 스프링필드대학 교수 겸 감독이었던 존 번이다. 그는 1955년 8월 내한해 3개월 동안 대학생 선수 30명을 지도하였다. 당시 선발된 선수로 김영기, 백남정, 염철호 등을 꼽을 수 있다. 김영기는 은퇴한 뒤 후배들이 학습한 미국식 농구를 변용하여 한국농구의 프로필을 완성한 지도자이기도 하다.

김영기는 존 번 코치와의 만남에 큰 의미를 부여하였는데, 특히 기술적인 면에서 선수의 자율적인 훈련과 새로운 동작에 대한 호기심을 고양하는 코칭 기법에 깊은 인상을 받은 것으로 보인다. 김영기는 1964년 동아일보와의 인터뷰에서 "미국인 존 번 코치 밑에서 4개월 동안 연습한 게 오늘의 밑거름이 되었죠."라고 술회하기도 하였다. 당시 우수학생으로 선발된 서른 명에 포함되어 존 번의 지도를 받은 염철호는 매우 상세히 지도 내용을 기억하였다. 그는 2010년 필자와 인터뷰할 때 "그때까지 배운 기계적인 일본식 농구 대신 미국식 농구를 배웠다. 난 그때 존 번 선생님한테서 배운 걸로 평생을 써먹었다."고까지 말했다. 미국인 코치들이 우리 농구에 준 영향은 최근의 몇몇 학술논문과 언론 보도를 통해 확인할 수 있게 되었다. 그 내용과 역사적 의미, 현장의 이야기는 다음에 하겠다.

은퇴한 스타를 위한 팬레터

『갈채와의 밀어』는 김영기가 은퇴한 해에 쓴 책이다. 김영기는 아주 서정적인 프롤로그로 이야기를 시작한다. 코트를 떠난 그는 기업은행의 직원으로서 열심히 일하고 있다. 오전 여덟 시에 은행 문을 열고 들어간 그를 데스크가 반기고, 하루가 시작된다. 은행원이니만큼 숫자와 돈더미에 파묻혀 살 수밖에 없다.

'숫자, 숫자, 숫자…… 도장, 도장, 도장…… 지폐, 지폐, 지폐…….'

종일 일하고 저녁이 되어 퇴근하면 마당의 화초들 사이로 아내와 아들이 뛰어나온다. 그 시절 샐러리맨의 평화로운 삶, 그 정경을 상상할 수 있다. 그가 반짝이는 마루와 아늑한 안방을 습관처럼 둘러볼 때 수많은 트로피들이 눈에 들어온다. 아내는 오늘도 팬레터가 수없이 왔음을 조심스럽게 전한다.

"여보, 이것 보셔요, 오늘도 이렇게…… 많이 왔지요?"

팬들은 묻고 있다.

"왜, 왜, 그만뒀지요?"

"왜, 왜, 다시 안 나오지요?"

김영기는 마음이 울적해진다. 미련이 남았을 리 없지만 팬들의 아쉬워하는 감정은 그의 가슴에도 잔잔한 파문을 남기는 것이다. 그는 1966년 2월 12일 장충체육관에서 열린 제20회 전국남녀농구 종합선수권대회 결승전을 마지막으로 은퇴를 선언했다. 그는 연세 대와의 경기에 나가 기업은행을 93-85 승리로 이끈 다음 취재기자 들 앞에서 이 경기가 자신의 현역 마지막 경기임을 밝혔다.

"사실은, 지금, 여러분 앞에서 거행된 이 경기를 마지막으로…… 저는…… 농구계를 떠나기로 결심했습니다. 오늘의 게임은 저의 …… 마지막 게임이었습니다. 저는, 오늘의 영광을 제 팀 메이트 들 에게 모두 돌리고 싶습니다. 감사합니다."

김영기가 은퇴를 선언하자 인터뷰 기자들과 아나운서들은 모두 깜짝 놀랐다. 이 사실은 곧 트랜지스터라디오를 사용해 중계방송을 듣던 관중석의 팬들에게도 알려졌다. 관중들은 갑자기 웅성거리기 시작하더니 이내 박수를 보냈다. 폭발적인 박수였다. 관중들은 그렇 게 박수를 치면서 경기장을 떠날 줄 몰랐다. 김영기는 고개를 숙였 다. 관중들을 향해 어떻게 인사해야 할지 생각이 떠오르지 않았다. 그는 불현듯 고독감에 휩싸였다. 그런 김영기를 기자들이 그냥 놓아둘 리 없다. 질문 공세가 시작된 것이다.

> "저어, 김 선수!"
> "지금 은퇴하겠다고……(했나요?)"
> "무슨 이유이신지요!"
> "좀 묻겠습니다, 김영기 씨!"
> "저어, 김 선수! 우리가, 아니 팬들이 믿기에는 그건 당
> 치도 않은……."
> "이유 좀 말씀해 주십시오!"

김영기에게 "은퇴해서는 안 된다."고 말하는 기자도 있었다. "그럴 수가 없다."는 것이었다. "그러는 법이 어디 있느냐, 팬들이, 한국이 용서하지 않는다."고도 했다. 김영기는 난감해졌다. 그는 속으로 생각했다. 어느 누가 이 착잡한 심정을 몇 분의 일이나마 이해해 줄까. 어떻게 몇 마디로 납득을 바란단 말인가. 곧 시상식이 열렸고, 김영기는 그 자리에서 다시 한 번 은퇴를 확인했다. 대한농구협회 회장 이병희에게 은퇴의사를 분명히 밝힌 것이다. 우승컵을 품에 안은 김영기에게 다시 관중의 박수가 쏟아졌다. 그는 두 손을 들어 인사했다. 마음 같아서는 관중석으로 달려 올라가 한 사람 한 사람 손이라도 잡고 싶었다. 하지만 그는 우승컵을 품에 안은 채 박수가 잦아들기를 기다렸다. 그리고 생각했다. 이제 모든 것은 끝났다

고. 기쁨도 슬픔도 아쉬움도 승부를 향한 그 알 수 없는 집념도 이제는 모두 막을 내렸다고.

　　13년 동안의 농구 하나로 덮인 나날은 이제 끝났다. 얼마나 많은 오해가, 질문이, 공격이, 설득이, 그리고는 강권이 앞으로 닥칠는지 나는 알 수 없었다. 하나 분명한 것은, 내일부터는 한 사람의 은행원의 자리를 차분히 지키며 살아간다는 것. 조용히 그렇게 살아야 한다. 막이 내린 무대는 쓸쓸하다.

　김영기는 동료들에게 둘러싸인 채 한 발 두 발 출입구를 향해 걸어 나갔다. 아쉬운 듯 다시 박수가 터졌다. 그는 돌아서서 쏟아지는 박수세례에 몸을 맡겼다. 그리고 손을 흔들었다. 그가 멈추어 선 곳은 출입구 한 복판, 코트와 바깥세상의 정중앙이었다. 그는 거기 서서 손을 흔들었다. 한 발만 뒤로 물러서면 코트와의 인연은 이제 끝이었다. 그는 속삭였다. 아무에게도 들리지 않게, 그러나 그의 고막을 터뜨리기라도 할 것처럼 혼신의 힘을 다해.
　"고맙습니다, 나의 팬들이여. 아듀!"
　김영기는 경기장을 떠났다. 바깥세상에서는 2월의 매서운 바람이 거리를 휩쓸고 있었다. 그는 생각을 가다듬었다. 그리고 물었다. 자신에게, 그리고 미지의 누군가에게. 자신이 13년 동안 추구해 온 것은 무엇이었는지. 승리의 의미란 도대체 무엇인지. 이 갈채와 명성의 의미는 무엇인지. 헤아릴 수 없이 받은 사랑과 도움의 뜻은 무엇이었는지. 그리고 오늘을 사는 우리는 물어야 한다. 김영기는 왜 1966년 2월 12일 장충체육관에서 그를 사랑한 사람들에게 작별을 고했는지.

은퇴의 변

김영기는 1966년 2월 28일자 경향신문 8면에 '은퇴의 변'을 발표했다. 이 글을 통해 은퇴할 무렵 김영기의 입장을 유추해볼 수 있다. 그가 공식적으로 내세운 은퇴 이유는 대략 세 가지다. 첫째 부상, 둘째 체력 저하, 셋째 후배들의 발전을 위한 선택.

김영기는 자신이 하고많은 운동 가운데 농구를 선택한 이유가 '상호 협조하는 묘미와 신사적인 경기'였기 때문이라고 소개했지만, 곧 농구를 "신사답고 깨끗한 스포츠로 생각한 것은 커다란 잘못이었다."라고 털어놓는다. 그는 13년 동안 과격한 운동을 하면서 양팔뚝이 모두 부러졌고 양쪽 발목이 여섯 번이나 부러졌으며 얼굴에는 다섯 곳이나 꿰맨 자국이 남았다고 했다. 그는 1m78cm, 67kg의 신체조건이 농구에는 맞지 않았는데 작은 체격을 최대한 이용하려다 보니 무리한 동작을 일으켜 남보다 부상이 잦았다고 설명했다.

김영기가 은퇴한 나이는 지금 기준으로 보면 너무나 이르다. 그러나 그가 활약하던 시절에는 20대 후반이 되면 '노장' 대접을 받았다. 선수들의 체력을 관리하는 과학적인 연구도 부족했다. 훈련 방식도 세련된 편은 아니었다. 한국농구, 특히 남자농구가 미국인 코치 찰리 마콘과 제프 고스폴을 통해 현대농구를 경험하는 1966~1968년 이전까지 선수들의 훈련방법은 매우 뒤떨어져 있었다.[04] 훈련 시간도, 방법도 정해진 매뉴얼 없이 코치의 결정에 따랐다. 체력훈련은 장거리 달리기를 중심으로 이루어졌고, 이 역시 주먹구구였다고 해도 과언이 아니다.

마콘과 고스폴의 지도를 받은 선수들은 김영일, 김인건, 신동파, 이인표, 방열, 김무현, 박한, 최종규, 유희형, 신현수 등 당대의 스타들이었다. 재능으로 충만한 이들은 김영기의 맹활약으로 인해 고조된 국민들의 농구에 대한 관심과 미디어의 활발한 보도 및 중계 문화를 유산으로 물려받은 세대였다. 또한 존 번과 내트 홀맨, 찰리 마콘과 제프 고스폴로 이어지는 일련의 미국인 코치들이 전한 선진 농구를 직접 배우고 경기에 활용하면서 내면화한 그룹이기도 하다. 이들은 훗날 1970년 아시안게임과 1969년 아시아선수권대회에서 한국 남자농구를 우승으로 이끈다. 광복 이후 나타난 첫 '황금세대'라고 할 수 있다. 나중에 설명하겠지만, 이들을 이끌고 아시아 정상 등정이라는 숙원을 이룬 코치가 바로 김영기다. 김영기는 마콘과

---

04 마콘과 고스폴에 대해서는 뒤에 자세히 적겠다.

고스폴의 지도를 경험하지 못했지만 존 번에게서 배운 새로운 농구의 개념과 정신을 후배 세대에게 전수하는 한편, 후배들이 익힌 선진농구를 한국적으로 변용하여 한 시대를 호령하는 강력한 팀으로 조련해낸 우수한 지도자이기도 하다.

마콘은 아주 중요한 시기에 우리 대표 팀을 맡았다. 마콘이 국가 대표 팀 코치로 부임할 무렵 한국 남자농구의 경기력 수준은 아시아에서 3~4위권이었다. 필리핀과 일본, 대만이 정상을 다투고 있었다. 필리핀은 1960년 1월에 자국의 수도인 마닐라에서 열린 제1회 아시아남자농구선수권대회에서 우승한 뒤 1963년 12월 대만의 타이베이에서 열린 2회 대회에서도 우승하였다. 일본은 1965년 12월 말레이시아의 쿠알라룸푸르에서 열린 제3회 대회에서 필리핀을 누르고 아시아를 제패하였다. 대만은 1, 2회 대회에서 모두 준우승을 기록하였고, 3회 대회에서 5위로 밀려났다. 반면 한국은 1회 대회 4위, 2회 대회 3위, 3회 대회 3위를 기록하는 등 정상과는 거리가 있었다.

한국 남자농구의 간판 역할을 한 김영기가 은퇴한 뒤로는 대표 팀을 재편할 필요도 있었다. 김영기는 경기를 조율하는 포인트 가드이자 주된 득점 선수였으므로 그의 역할을 대신할 선수들의 성장이 필요했다. 김영기가 물러난 대표 팀에서 경기 조율의 책임은 김인건과 유희형이 맡고 득점 전문 선수로는 후일 '아시아의 득점 기계'로 명성을 떨치는 신동파가 두각을 나타냈다. 신동파는 제4회 아시아남자농구선수권대회 취재단이 선정하는 베스트5 선정 투표에서 총 31명의 투표 가운데 29표를 얻어 최우수선수로 뽑히면서 한국남자농구 부동의 에이스로 자리를 굳혔다.

한국남자농구 대표 팀 최초의 미국인 코치 마콘을 발탁하는 데 중심적인 역할을 한 인물로 조동재를 들 수 있다.[05] 1956년부터 농구협회의 기획 및 국제 업무를 맡아 본 조동재는 1964년 대한농구협회 회장단에 농구선수 출신의 미군 장교를 코치로 활용하는 방안을 제안하였다. 협회 부회장 이성구와 전무이사 김용무 등이 이에 동의하였고 미8군에서 스포츠 관계 업무를 맡아 보던 손동욱을 통하여 마콘을 농구협회에 소개하였다. 농구협회는 마콘에게 한국 대표 팀의 선수 구성과 훈련 등 코치로서 전권을 부여하였다. 예를 들어 농구협회는 1966년 6월 13일 열린 이사회에서 아시아경기대회

---

05 조동재는 1960년대 한국농구의 발전에 중요한 공헌을 한 인물로 주목할 필요가 있다. 1921년 서울에서 태어난 조동재는 1944년 경성제국대학 법문학부를 중퇴할 때까지 농구와는 무관한 인물이었다. 영어 실력이 뛰어난 그는 광복 뒤 정부의 국외홍보업무를 담당했고 1954년 아시아재단 한국지부가 창설될 때 초대 총무를 맡아 각 분야의 후원 사업을 전개했다. 1955년 여름 아시아재단은 미국 매사추세츠 스프링필드대학교의 농구 감독 존 번과 캘리포니아 프레스노대학교의 육상 코치 플린트 해나(FlintHanna)를 한국에 초빙하여 한국농구와 육상 국가대표 팀을 재건하는데 기여하였다. 조동재는 이 과정에서 실무를 맡았고, 재단의 체육 분야 사업은 조동재가 국내외 스포츠계에서 활약하는 계기가 되었다. 특히 존 번 초청을 계기로 농구협회 이사로 취임하여 국제 업무를 담당했으며 1968년부터 1984년까지 아시아 농구연맹 사무총장을 역임하면서 한국농구 발전에 크게 이바지한 인물로 평가된다.

에 파견할 대표선수 후보 15명을 선정하여 발표하였다. 이들은 1차 후보 35명 가운데 마콘의 개인 평가를 토대로 선발된 선수들이었다.

마콘의 지도를 받은 우리 선수들은 신선한 충격을 받는다. 마콘은 우리 선수들이 이전까지 받은 훈련과는 전혀 다른 방식으로 훈련하고 경기했다. 미국인 코치들이 당시의 한국 코치들과 가장 달랐던 부분은 스케줄에 따라 집약적인 훈련을 시킨다는 데 있었다. 특히 훈련 시간은 한국 코치들에 비해 매우 짧아서 선수들에게 강한 인상을 남겼다. 그러나 기본기를 강조하고 수비 기술에 중점을 둔 훈련의 질은 매우 높아서 두 시간 남짓 훈련을 했음에도 불구하고 선수들이 느끼는 피로감이나 성취감은 서너 시간 훈련했을 때에 못지않았다. 이에 대해 김인건은 "그 동안은 보통 3시간에서 3시간 30분을 훈련했는데 미국 코치들은 2시간에 전 과정을 끝냈다. 몸을 푸는 시간까지 합해도 2시간 30분이면 족했다. 대신 훈련 강도가 높았다."고 증언하였다. 이인표와 최종규의 증언도 있다.

국내 지도자들이랑 다른 게, '스케줄'이란 게 나오니까…. 두 시간이면 두 시간, 뭐는 몇 분식으로 100퍼센트 여기 맞춰서 해라 하고…. 과거 분들은 네 시간도 좋고 다섯 시간도 좋고…. '야, 오늘 백 바퀴 돌아 봐라….' 이런 식이야. '줄넘기해라.' 그러면 한 시간도 좋다 식이고.

우리가 정식 스케줄이라는 걸 미국 코치한테서 처음 받아본 건데, 이런 식으로 하니까 자기가 훈련 시간만큼은 힘을 풀로 발휘할 수 있고, 그런 게 달랐지요.(이인표)

지금 와서 생각해 보면 마콘이란 사람이 참 대단한 사람이었구나 하는 생각이 들어요. 내가 대학교 3학년 때 처음으로 대표선수가 됐는데, 그 전까지는, 물론 이경재 선생님이나 이성구 선생님도 마찬가지로 다들 훌륭한 선생님들이셨지마는 포 맨 플레이, 스리 맨 플레이, 투 맨 플레이 아니면 속공 같은 거, 이런 걸 어떻게 해야 하고 그런 걸 배워 본 적이 없어요. 그분들은 그냥 '뛰어.', '야, 슬라이딩해.', 그런 식으로 정신력, 일본식으로 '도꾸다이', 체력, 리바운드, 그런 식으로 배웠지, 플레이를 해나가는데 하나씩 의미를 생각하면서 하는 게 없었다 말이지….(최종규)

이들은 행운을 타고난 사람들이었다. 김영기가 이들과 같은 세대였다면 선수생활을 더 오래 했을지도 모른다. 전대미문의 테크니션이라는 평가를 받은 김영기가 미국인 코치의 지도를 받으며 선수로서 능력에 합당한 역할을 요구받았다면 우리 농구의 역사가 지금과는 많이 달랐을 수 있다. 그러나 김영기는 오직 혼자만의 힘으로 미지의 영역을 개척해 나가야 했다. 그나마 존 번의 지도를 받은 경험이 그에게는 엄청난 자산이 되었다. 김영기는 두고두고 존 번의 영향을 이야기했는데, 경향신문에 실린 기고문에도 "병아리 농구선수를 면치 못하고 있을 때 아시아재단의 주선으로 유명한 미국인 코치 번 씨에게 지도를 받게 된 것이 나의 농구에 커다란 계기를 이루게 해주었다."고 썼다. 필자도 2010년 3월 5일 김영기를 면담할 때 선명한 증언을 들었다.

> 내가 드리블을 잘한다는 말을 들었지만 원래부터 잘했던 건 아니에요. 그때만 해도 선수가 드리블을 하면 선생님한테 혼이 났어. 패스를 해야지, 드리블을 하면 팀플레이가 안 된다면서. 그런데 존 번 코치는 그걸 하게 하더라고. '해 봐라' 말이지. 그때 내가 드리블이 많이 늘었어. 그래서 미국 코치가 뭔가 다르다는 걸 알게 됐지. 그게 나한테는 아주 큰 계기가 된 거야.

김영기의 남다른 점은 배운 것을 그대로 사용하지 않고 자기만의 것으로 소화한 다음 다양한 방식으로 변용했다는 데 있다. 존 번의 지도를 받은 다음 김영기는 "남이 하지 않는 새로운 농구를 해보겠다고 마음먹었다."고 한다. 그는 1957년 봄 미국의 농구 잡지를 읽고 알게 된 '트위스트 슛'과 드리블 기술을 열심히 몸에 익혀 여름 시즌 경기에 출전한다. 야심차게 새로운 기술을 구사했지만 돌아온 것은 코치와 선배들의 무서운 혹평뿐이었다. 훗날 새로운 스타일의 농구로 인정받았지만 처음에는 그저 엉뚱한 짓으로 받아들여졌을 뿐이다. 김영기의 트위스트 슛은 한동안 다른 선수들이 흉내 내기 어려운 고난도의 기술로 통했다. 김영기는 "다른 선수들이 좀처럼 흉내 내지 못하는 것은 점프력과 허리힘이 부족하기 때문"이며 자신은 고등학교 1학년 때 스피드 스케이팅 선수로 대회에 출전한 일도 있어 기초체력이 뒷받침되었다고 설명했다.

김영기가 밝힌 또 하나의 은퇴 이유는 우리에게 많은 생각을 불러일으킨다. 그는 현역에서 물러나는 이유가 오직 체력의 한계 때문만은 아니며, 자신을 중심으로 한 '스타 플레이'가 팀 동료들로 하여금 지나치게 자신에게 의존하게 하였으며 그 결과 그들의 실력이 위축되어 충분한 실력을 발휘할 수 없는 점을 지적하였다. 그는 제1, 2, 3회 아시아선수권대회에서 자신이 우수선수로 뽑힌 것은 영광이지만 한국 팀이 아시아 정상을 제패하지 못한 점은 부끄럽다고 했다. 또한 이 숙원을 이루지 못하고 은퇴해 가슴 아프다고 고백했다. 그러면서 "내가 물러나도 방열, 김무현, 정진봉, 신동파 같은 선수는 노력만 하면 나보다 더 훌륭한 선수가 될 소질을 가졌다."고 기대했다.

나는 13년간의 선수생활 가운데 15회의 해외원정을 통해 22만 마일을 볼을 동무 삼아 다녔고 비행기 안에서 5백 시간 이상을 지냈다. 내가 공식 경기에서 넣은 골은 2만 점이 넘고 연습까지 통한 슈팅 골 수는 3천만 개가 넘으며 리바운드로 점프한 높이는 부산에서 신의주에 이르는 3천리를 세워놓은 높이와 맞먹는다. 13년간의 내 선수생활에서 가장 자랑스러운 것은, 남은 내 팔과 발목을 부러뜨렸어도 나는 경기 중에 한 번도 남을 다치게 한 일이 없다는 점이다.

　　　　　　　　　　　　　　　　　　　　　　농구인 김영기

러닝 타임 20초

　김영기의 이름이 1955년 12월 언론에 처음으로 등장한다. 동아일보의 12월 6일자 3면, 경향신문과 조선일보의 7일자 3면이다. 대한농구협회가 1956년 1월 자유중국(대만)에서 중화체육촉진회 주최로 열리는 극동농구리그에 참가할 농구대표선수단 명단을 발표했는데, 김영기가 포함되었다. 이 대표 팀은 전원 대학생으로 구성되었다는 특징이 있다. 여기에는 사연이 있다. 대만에 보낼 대표 팀을 구성하는데 대한농구협회와 대한체육회의 의견이 일치하지 않았다는 것이다.

　대한농구협회는 당초 전국종합농구선수권대회 우승팀 산업은행을 주축으로 원정선수단을 결정했다. 그런데 이 선수단 명단을 놓고 대한체육회를 중심으로 한 체육계에서 문제를 제기한 것이다. 동아일보는 12월 1일자 3면에 "대한체육회를 위시한 체육계 방면

에서는 과거 일 년 간 연전연패를 거듭하고 저조 침체한 농구계의
현상에 비추어 또다시 노쇠기에 들어간 선수를 기용하는 것보다 앞
날이 촉망되는 학생선발 팀을 파견하자는 요망이 높아가고 있다."
고 보도하였다. 1차 선발된 선수 명단은 다음과 같았다.

▲코치=방원순 ▲심판=신재숙 ▲선수=안병석 황태
석 고세태 안영식 김성태(이상 산업은행) 김영수 서한균(부
산지검) 조내성 윤명현(공군) 조병현(연세대)

언론이 사태를 주목했다. 조선일보는 이 의견대립이 스포츠계에
물의를 일으켰으며 12월 3일 오후3시부터 무려 4시간에 걸친 회합
끝에 기존의 대표선수단을 백지화하는 한편 전도양양한 학생선수
들을 파견하기로 했다고 보도하였다. 동아일보는 승산 없는 대회에
일반 팀을 내보내기보다는 학생 팀을 견학차 파견하여 앞날의 발전
을 꾀하는 것이라고 의미를 부여했다. 주요 신문이 보도한 선수명
단은 다음과 같다.

▲단장=미정 ▲코치=방원순 ▲심판=신재숙 ▲선수
=조병현(포워드) 최태곤(가드) 백남정(센터) 박남희(포워드, 이
상 연세대) ▲이보영(포워드) 손정채(가드) 김영기(포워드, 이상
고려대) 강병건(가드) 김춘배(포워드) 김동하(센터, 이상 홍익대)

박순동(포워드, 신흥대) ▲후보=강우성 염철호(이상 홍익대) 최무환(연세대)

우리 선수단은 1955년 12월 31일 오후2시30분 대만의 민항공운 공사(民航空運公司, Civil Air Transport·CAT) 항공편으로 여의도공항을 통해 출국했다. 돌아온 날은 1956년 1월 12일, 오후1시30분이었다. 항공편은 이번에도 CAT항공이었다. 1월 2일부터 6일까지 열린 극동 농구리그는 한·중·비3국친선농구전(韓中比3國親善籠球戰)으로 『한국 농구80년사』에 기록되었다. 대회는 한국과 중국(자유중국 즉 대만), 필리핀이 참가해 한 팀과 두 번씩 경기하는 방식으로 운영되었다. 대만에서는 극난(克難), 필리핀에서는 산 미겔 팀이 참가했다. 우리 선수단은 극난에 64-72, 63-65로, 산 미겔에 57-59, 46-62로 져서 4전 전패를 기록했다. 그래도 소득이 아주 없지는 않았다. 전적에 비해 경기 내용이 나쁘지 않았기 때문이다. 위에 적었듯이 이 당시 대만과 필리핀의 농구는 매우 강했다.

대만의 극난 팀은 김영기에게 잊지 못할 기억 한 조각을 선물한 팀이다. 극난은 1955년 10월 1일 '한중친선농구경기대회'에 참가하기 위해 여의도공항을 통해 한국을 방문했다. 경기는 2일부터 10일까지 육군체육관에서 열렸다. 육군체육관은 훗날 거대한 돔으로 덮인 우리나라 최초의 실내체육관인 장충체육관으로 고쳐 짓게 되는데, 이때는 지붕이 없는 노천 코트였다. 극난 팀은 우리나라의 육군,

해병대, 산업은행 등과 경기를 벌여 전승을 거두었다. 김영기는 이 때의 일을 『갈채와의 밀어』에 의미 있게 기록했다.

그는 "(극난 팀과의 경기는) 내가 가장 짧은 동안을 뛴 경기로 기억에 새롭다. 내내 후보 선수로 벤치에 앉아 있다가 타임아웃 20초 전에 출장하여 게임을 끝낸 경험을 이 경기에서 얻었다."고 적었다. 그러면서 다시 한 번 존 번을 언급한다. "나의 체격과 체력이 약하다는 번 씨의 평가가 그만 20초 선수로 만든 것이다. 이 경기의 중요한 패인은 재래식 한국농구에 두 달 동안 배운 번 식 농구가 짬뽕이 되어 나타났기 때문"이라면서, "언제나 이것도 아니고 저것도 아닌 중간이라는 것은 좋은 결과를 얻지 못하는가 보다."고 생각을 정리했다. 여러 면에서 김영기는 생각이 많고 원인과 결과를 헤아리는 선수였다.

존 번에 대한 이야기는 나중에 자세히 적을 필요가 있다. 존 번, 내트 홀맨, 찰리 마콘, 제프 고스폴은 우리 농구 역사에 선명한 흔적을 남겼고, 이 가운데 존 번은 제일 먼저 언급되는 이름이다. 김영기가 첫 원정에 나선 한·중·비3국친선농구전의 내용과 더불어 존 번의 코칭 내용을 살펴보겠다.

아메리칸 바스켓볼

　한국농구의 역사에서 미국농구의 영향을 간과할 수 없다. 미국인이 이 땅에 알린 농구가 한국농구의 정체성을 구축하는 데 결정적으로 공헌한 것은 명백한 사실이기 때문이다. 필립 질레트가 전파한 농구는 1916년 바이런 반하트라는 인물이 YMCA의 체육전문 간사로 부임하기 전까지만 해도 겨우 명맥만 이어갔던 것 같다. 기술적인 측면에서 한국농구가 궤도에 오르기 시작한 것은 반하트 부임 이후라고 보아야 한다.(김재우) 반하트는 1915년 시카고 대학을 졸업하고, 일리노이 주 페오리아의 YMCA 소년부 간사로 일하다가 1916년 3월 4일 소년부 및 체육부 지도자(간사)의 자격으로 부인과 함께 내한했다. 그는 실내 체육을 비롯한 야구, 축구, 육상 등을 발전시킨 주역의 한 사람이다. 1907년 질레트가 보급한 농구를 발전시키고자 YMCA농구부를 창설하기도 했다. 반하트는 YMCA농구

팀 코치로서 크게 지도력을 발휘하여, 체계적이고 수준 높은 훈련을 실시함으로써 경기력을 크게 향상시켰다.(윤태호)

현실적으로 일제강점기의 한국농구는 일본과의 교류가 주를 차지했다. 동등한 교류는 아니었다. 식민지의 판도 안에서 제국 일본의 내수 차원에서 농구 교류가 이루어진 것이다. 따라서 한국의 농구가 미국으로부터 직접 전래됐음에도 불구하고(또는 미국인에 의해 전래되었음에도 불구하고) 미국농구가 일제강점기 한국농구에 미친 영향은 제한적인 편이다. 미국농구와 본격적으로 교류하지 않았기에 미국의 영향을 확인할 만한 사례도 많지 않다. 미국과의 농구 교류 내지 접촉은 광복 이후 본격화되었다. 한국농구가 미국농구와 접촉하는 방식은 미국 팀 또는 국내에 주둔한 미군 농구팀과의 경기 아니면 선교단체의 방한 경기 등이었다. 간헐적이기는 했으나 미국농구(내지는 미국인의 농구)와의 접촉은 꾸준하게 이루어졌다. 또한 미국의 몇몇 농구지도자가 내한하여 국내 선수들을 상대로 기술 지도를 하는 사례도 있었다.

1945년 9월 30일 서울에서는 조선농구협회 주최로 해외동포 구호를 위한 미군과의 교환농구경기가 열렸다. 서울선발군과 미군의 첫 조우였다. 두 팀은 같은 해 10월 6일과 이듬해 1월 30일에도 경기를 하였다.(윤태호) 한편 농구의 도입과 민간 보급에 크게 기여한 YMCA는 1946년 11월 한미 친선을 목적으로 농구대회를 개최하였다. 한국 팀은 당시 가장 경기력이 뛰어나다는 평가를 받은 백연(白

燕), 미국 팀은 서울에 주둔한 미군 7사단 포병부대 장교들로 구성
되었다.(김재우) 이 교류전은 1947년 2월 24~25일, 같은 해 12월 6일
에도 열렸다.

미국 농구인들의 한국 선수 지도는 더 직접적으로 한국농구에
영향을 미쳤다. 최초의 미국대학농구 선수 출신 지도자는 한국인 2
세로서 미국 워싱턴대학 농구팀의 센터였던 전봉운이다. 대한농구
협회의 기록(한국농구100년사)에 따르면 그는 학교를 졸업한 뒤 미국
광산회사에 취직하여 함경도 지역의 지질을 조사하기 위해 내한했
다. 그때, 그는 부친과 절친했던 이춘호 연희전문 교수의 사택에 머
물렀는데, 이 사실을 안 연전 선수들이 그를 찾아가 지도를 청한 끝
에 허락을 얻었다고 한다.[06] 전봉운의 지도 내용 가운데 특기할 내
용은 맨투맨 수비와 스크린플레이를 처음으로 소개했다는 사실이
다.

두 번째가 미국 스프링필드대 교수 겸 감독이었던 존 번(John
Bunn)이다. 그는 광복 후 처음으로 한국을 방문해 선수들을 지도한
미국인 지도자다. 조동재(전 ABC사무총장, 대한농구협회 부회장)가 근무하
던 아시아재단 초청으로 1955년 8월 4일 내한해 3개월 동안 대학생

---

06 이보다 20년 전에 만들어진 『한국농구80년』 192~193쪽에는 다소 다른 기록이
보인다. 이 책에서는 "연전 농구부는 미국 워싱턴 대 농구선수로 활약한 바 있는
전봉운 씨가 모국을 방문하게 되자 이춘호 교수의 추천으로 우리나라 처음의 시
스템 플레이라는 새로운 기술을 연전 선수들에게 전수함으로써 1930년대 한국
농구 기술의 전환기를 만들게 했다."고 기록됐다.

선수들을 지도하였다.[07] 존 번은 1921년 캔자스 대학을 졸업한 후 모교의 코치로 부임했으며 1930년에는 스탠포드 대학의 지휘봉을 잡은 뒤 1936년부터 1938년까지 퍼시픽 코스트 컨퍼런스 우승을 이끌었고 미국농구심판협회 회장을 맡는 등 화려한 경력의 소유자였다. 존 번은 유망한 학생들로 이뤄진 학생 군을 조직하여 농구의 팀 디펜스를 비롯한 기초적인 기술을 지도하였다. 당시 대표적인 학생 군 선발선수로는 김영기, 백남정 등이 있다.

당시 선발된 대학 선수는 1차 30명, 최종 15명이었다. 1차로 연세대, 고려대, 국학대, 중앙대 등에서 30명을 선발했다. 이 선수들이

---

07 『한국농구80년사』에 조동재의 증언이 남아 있었다. "동란 후 대학 팀으로서는 처음으로 미국의 오레곤 대학 팀이 내한하여 배재 중학 아웃 코트에서 원정전을 개최한 일이 있었죠. 이때 저 못지않게 농구에 관심이 많은 아세아재단 같은 직장동료인 미스터 로우라는 사람과 함께 시합을 보러 갔는데 입장권이 매진된 바람에 그 근방 호텔방을 얻어 가지고 창 너머로 구경해야 하는 고역을 치르기도 했었죠. 그때 우리 팀이 오레곤대 팀에게 여지없이 몰리는 게임을 관전하면서 느낀 것은 어쩌면 우리 농구가 저렇게도 초라하고 구태의연한가, 뭔가 개선책이 강구돼야 하지 않겠느냐는 것이었는데 옆에서 같이 관전했던 미스터 로우도 역시 저와 같은 생각을 하고 있었더군요. 그럼 어떻게 했으면 좋겠느냐, 미국 코치를 데려오면 어떠냐, 그래 그것 좋은 착상이다 해서 샌프란시스코에 있는 아세아재단본부로 연락하여 유능한 코치알선 있기를 부탁했죠. 그래서 추천받은 사람이 바로 미스터 존 번이었어요. 지금 생각해도 그런 훌륭한 코치를 우리가 추천받았다는 것은 우리나라 농구계로서는 무척 다행스럽게 유익했던 일이었다고 봐요." "미스터 존 번의 내한지도에 따른 통역은 저와 남경흥 씨가 번갈아 맡아야 했기에 비교적 존 번과의 접촉을 많이 가졌는데 역시 기술적인 것은 잘 모르겠더군요. 그러나 그 분이 그 당시 우리나라에선 별로 쓰인 일이 없는 많은 현대농구 용어라 할까, 말하자면 어택이니 뭐니 하는 말을 풀 코트 프레스라는 용어를 사용함으로써 아예 어택은 풀 코트 프레스로 모두가 사용하게 되었죠."

존 번의 1차지도를 받은 다음 재선발을 거쳐 15명으로 압축되었다. 이때 선발된 대학선수들은 전후 4, 5년에 걸쳐 멜버른올림픽까지 한국농구의 대를 이은 재목들이었다. 당시 우수학생으로 선발된 30명에 포함되어 존 번의 지도를 받은 염철호는 매우 상세히 지도 내용을 기억하였다.

존 번 선생님의 나이가 그 때 57세였는데, 트레이닝 복을 입고 직접 시범을 보이면서 지도했어요. 이성구 선배님과 정상윤 선배님이 진행을 돕고. 존 번 선생님의 말씀이 "한국 사람들은 체격이 작기 때문에 정상적인 농구를 해서는 장신 선수들과 상대가 안 된다."는 거예요. 당시 아시아에서는 대만, 필리핀, 일본이 강했는데 대만은 신장이 크고 필리핀은 빨랐어요. 한국은 일본한테도 안 되고…. 번 선생님은 토털 농구를 하기 위해서 체력 훈련을 엄청나게 시켰어요. 한 선수가 20분 동안 줄기차게 상대 선수를 압박하려면 체력이 필요하니까. 수비도 팀 디펜스를 많이 요구했고. 이런 걸 집중적으로 했지요. 수비할 때 상대를 바꾸는 스위치 기술도 익히고. 그때까지 배운 기계적인 일본식 농구 대신 미국식 농구를 한 거지. 난 그 때 존 번 선생님한테서 배운 걸로 평생을 써먹었는걸.
(염철호)

세 번째는 1959년 11월 아시아재단의 후원으로 한국을 방문한 내트 홀맨(Nat Holman)이다. 홀맨은 '미스터 바스켓볼'이라 불린 인물로서, 1964년 미국농구 명예의 전당에 헌액된 초창기 프로농구의 스타였다.(Bronx Science-CCNY, 2005) 1920년대 오리지널 셀틱스에서 선수와 지도자로 활동했고, 현역시절에는 패스와 드리블 능력에 있어 혁신을 가져온 인물이었다. 홀맨은 3주일에 걸쳐 고등학교 및 대학 선수들에게 농구의 기본기와 속공 등의 기술을 지도했다. 그 당시 선수들로는 1969년 아시아남자농구선수권대회와 1970년 아시아경기대회 우승의 주역이 된 김영일, 이인표, 신동파, 김인건 등이 있다. 그러나 홀맨이 한국 선수들을 가르친 기간은 매우 짧았으므로 그가 한국농구에 미친 영향은 크다고 보기 어렵다. 다만 나중에 일부 팀에서 실제 경기에 적용한 점프 패스 등 기술의 일단만이 남게 되었다.

주목해 보아야 할 미국인 농구 지도자로는 1966년 남자 대표 팀의 코치를 맡은 미8군의 찰리 마콘(Charlie Marcon)과 1967년 마콘의 후임을 맡은 제프 고스폴(Jeff Gausepohl)이 있다.[08] 서울에 주둔한 미군 소속 장교가 한국의 대표선수들을 지도한 사례는 매우 특이한 경우로 기록할 수 있다. 마콘과 고스폴이 한국 선수를 지도하게 된 데는

---

08 마콘의 이름은 『한국농구 100년』 151쪽에 '찰스 마콘'으로 표기되어 있으나 마콘의 대학 재학 시절 활동을 기록한 신문 기사, 현재 미국에서 발행되는 신문 및 인터넷 매체에서 대부분 '찰리 마콘'으로 표기하고 있다. 그뿐 아니라 마콘 역시 이메일에 자신의 이름을 '찰리 마콘'으로 표기하고 있다.

한국농구와 미8군의 협조 및 유대 관계가 기초가 되었다. 농구는 미군의 여가 스포츠 활동의 주요 종목이었고, 다른 분야에서는 흔치 않은 한국 민간인과의 교류 수단으로서 활용되었다. 그러나 미군 진주 초기의 농구 교류는 어쩌다 미군 측에서 교섭해오면 친선경기에 응하는 정도의 소극적인 형태로서 비정기적이었고 따라서 체계적인 교류로 보기는 어렵다. 이에 비해 마콘과 고스폴은 미국식 훈련과 경기 스타일을 한국 선수에게 전수해 한국농구가 기술적으로 발전하는 데 크게 공헌한 인물이었다.

한국농구는 마콘과 고스폴에게서 미국식 훈련 방식과 기본기, 공격과 수비 기술을 본격적으로 배웠다고 평가할 수 있다. 이들의 지도를 받은 대표선수들의 기량이 크게 향상되면서 한국 남자농구는 아시아의 정상으로 도약하는 계기를 마련하였다. 1969년 태국의 방콕에서 열린 아시아남자농구선수권대회와 1970년 역시 방콕에서 열린 제6회 아시아경기대회에서 우승하는 주역들은 마콘과 고스폴의 지도를 받은 선수들이었다. 대표적인 선수들로는 김영일, 하의건, 이인표, 김인건, 신동파, 최종규, 박한, 이병국, 김무현, 신현수, 이병구 등이 있다. 이들은 한국인 지도자들과는 매우 다른 스타일의 지도 방식과 새로운 기술을 습득한 경우였다. 이들이 새로운 지도방식과 기술을 습득하면서 한국농구는 급격한 기량 향상을 이루게 되었다.

영원한 스승 조득준

존 번을 만날 무렵, 김영기는 심한 성장통에 시달리고 있었다. 자신감과 야심에 불타는 그에게 한국농구 무대는 비좁게만 느껴졌다. 그는 이 시절 자신의 모습을 "점점 건방져지기 시작했다. 이렇게 피나는 연습을 계속하는 김영기의 실력은 한국 최상의 급에 이르렀다고 생각하기 시작했다."고 설명했다. 심지어 '기술적인 면에서는 고려대 감독 조득준의 지도를 더 받을 게 없다.'고까지 생각하게 되었다는 것이다.

조득준은 역사적인 인물이다. "연전은 이성구요 보전은 조득준"이라는 말이 있다. 보성전문에서 고려대로 이어지는 농구의 전통에서 조득준의 위상이 어떠한지를 보여준다. 조득준이 활약한 시대는 일제강점기 말에서 광복 이후로 이어진다. 그의 농구는 식민지 조선 청년의 테두리를 넘어 제국주의 일본, 나아가 동아시아를 호령

농구인 김영기

했다. 『한국민족문화대백과사전』은 조득준을 다음과 같이 설명한다.

조득준은 1915년 평양에서 태어났다. 1930년 평양숭인
상업학교에 입학해 농구를 시작했다. 보성전문학교와
일본 릿쿄대학에서 센터로 활약했다. 1934년에 만주, 봉
천, 선양 등지를 원정했고, 1935년 전일본실업학교농구
대회에 출전했다. 1937년 9월에 열린 전조선학생농구대
회에 보성전문학교 대표로 나가 우승에 기여했다. 릿쿄
대학에 다니던 1941년에는 전일본농구단의 센터로 필리
핀 원정에 참가했다.

광복 이후에는 우리나라 농구재건에 앞장섰다. 1948
년 현역에 복귀해 런던올림픽에 참가하였다. 고려대, 경
희대, 이화여고, 경복고 등에서 코치와 강사로 일했다.
1958년 한국여자농구팀 코치로서 대만에 원정하였고,
대한농구협회 기술지도위원 겸 이사를 지냈다. 1958년
서울 충정로에서 교통사고를 당해 적십자병원에 입원했
으나 이튿날 숨을 거뒀다. 유족과 대한농구협회는 그의
업적과 스포츠정신을 기리기 위해 '조득준장학금'을 마
련했다.(이학래 정리)

김영기는 2004년 6월 중앙일보에 기고한 회고록에 조득준을 "내 농구 인생을 결정해준 정신적 지주", "나의 가능성을 인정하고 믿어준 분"이라고 적었다. 그는 배재고 졸업반이던 1954년 고려대의 전주 합숙훈련에 고교 유망선수로서 참여했을 때 조득준을 처음 만났다고 한다. 당시 그는 연세대 진학을 염두에 두고 있었다. 그러나 조득준을 만난 뒤 진로를 고려대로 정했다.[09] 『갈채와의 밀어』에 자세한 이야기가 실렸다.

코치는 조득준 씨였다. 평안도 분이었다. 훤칠한 키에 콧날이 서 있었다. 눈은 언뜻 보기에는 부드러우면서 볼수록 은근한 매서움이 있었다. 또 어떤 때는 이 은근한 매서움이 어느 사이엔가 부드러움으로 변하기도 하였다. 시원스러운 이마만이 아니고 그 굵직한 목소리에 그의 커다란 사내다움이 역력히 보였다. 자질구레한 것 따위 쳐다보지도 않는 그의 스케일은 어떤 압박하는 것을 나에게 안겨다 주었다.

조 코치의 지도는 친절하였다. 고대 농구부의 부원이

---

09 "대학 입학 관련해서 에피소드가 하나 있는데, 저는 고려대 입학시험을 두 번 봤어요. 왜냐하면 제가 특기를 농구라고 적었는데, 성적이 좋으니까 다른 사람 시험지를 컨닝한 줄 알았나 봐요. 농구선수라고 공부를 못한다고 생각했던 거죠." https://m.post.naver.com/viewer/postView.nhn?volumeNo=2796495&memberNo=2355737

나 된 것처럼 조금도 손님 대접을 하지 않고 열의 있는 지도를 해주었다. 다른 선배들도 친절히 보살펴 주었다. 우리는 이렇게 안온한 분위기에서 약 한 달 동안의 훈련을 마치고 서울로 돌아왔다. 이 한 달. 비록 한 달이지만 이 한 달은 나의 농구생활을 크게 좌우하는 결정적인 모멘트가 되었다. 그것은 조득준 코치를 만났기 때문이다.

김영기는 조득준을 위해 "모든 것을 바쳐 대성하고야 말리라."고 굳게 다짐했다. 그는 중앙일보 기고문에 '영원한 스승' 조득준과 공유한 몇 가지 기억을 소개하였다. 김영기가 묘사한 조득준은 자상하면서도 엄격하고 농구 면에서는 기본기와 정신자세를 중시하며 인간적으로는 예의와 도리를 강조하고 있다. 조득준이 김영기를 꾸짖는 장면은 대부분 이러한 기준에서 제자가 이탈했을 경우다.

조 코치는 항상 팀 훈련이 끝난 뒤 나를 따로 훈련시켰다. 하루는 비가 왔다. 훈련이 없을 줄 알고 그냥 집에 갔다. 다음날 조 코치가 "영기, 어제 안 나왔더군."하고 중얼거리듯 말했다. 내가 죄송하다고 사과했더니 "괜찮다."며 물통에 물을 떠오라고 했다. 그리곤 공을 물에 적시더니 그 공으로 자유투 연습을 시켰다. 공은 무겁고 미끄러워 다루기 쉽지 않았다. 이어 물 먹은 공으로 러닝슛과 패스 연습을 반복했다. 그가 패스한 공을 받다 손가락이 퉁퉁 부었다. 나중엔 손의 통증이 심해 손목으로 볼을 잡았다. 내가 비명을 지르면 그는 "고등학교 때 패스 연습을 안했군."하며 냉정하게 쏘아붙였다. 그날 다섯 번째 물통을 비우고서야 훈련을 끝낸 그는 "이것은 어제 했어야 할 연습이었어."라며 내 어깨를 두드려 주었다. 나는 이 연습을 통해 공 핸들링에 자신감을 갖게 됐다.

어느 겨울 첫눈이 내렸다. 눈 때문에 훈련을 못할 것으로 짐작하고 숙소에서 쉬고 있었다. 어느 선수가 "선생님 혼자 운동장에서 눈을 쓸고 계신다."고 고함쳤다. 모두 달려 나갔다. "눈도 오는데 오늘은 쉬는 게…." 주장이 조심스럽게 말했다. 그는 들은 척도 않고 "연습을 시작해볼까? 우선 눈부터 쓸고."라며 빗자루를 구해오라고 지시했다. 이날 훈련은 결국 세 시간 동안 눈과 씨름하는 것으로 끝났다. 선수들은 못마땅한 기색이 역력했지만 선생님은 "기술을 익히기 전에 갖춰야 할 것이 농구를 하겠다는 의욕"이라며 태연했다.

그는 또 "림을 뚫어지게 바라보고 있으면 림의 둘레가 자연스럽게 커 보인다."며 그럴 때 슛을 쏘면 백발백중이라고 말하기도 했

농구인 김영기

다. 그는 선후배 간 위계질서를 강조했다. 그 무렵 농구공은 가죽 속에 튜브를 집어넣고 바람을 채운 다음 꼭지를 가죽끈 밑으로 밀어넣어야 했다. 늘 가죽에 기름칠을 해야 하고, 공이 터지면 꿰매야 하는 등 귀찮은 일이 많았다. 이런 일은 막내 몫이었다.

트위스트 슛

남다른 농구를 하겠다는 김영기의 결심은 남다른 노력으로 이어졌다. 김영기의 '건방짐'에 부채질을 한 것은 그가 탐독한 외국어 잡지였다. 주로 미국의 농구잡지였다. 그는 『갈채와의 밀어』에 아주 겸손하고 완곡한 문장으로 당시의 일을 정리했다.

나의 이러한 생각에 더 부채질한 것은 짧은 영어 실력으로 읽은 미국 농구잡지였다. 아직까지도 이 농구잡지를 구독하고 있지만, 처음으로 이 잡지들을 구입해서 읽을 때에는 나만이 세계 농구의 첨단을 걷는 기분이었다. 이렇게 나를 허황된 생각에 빠뜨리게 한 그 잡지는 『바스켓볼』, 『일러스트레이션』 같은 것들이었다.

이 시절의 나를 감격시킨 것은 클래어 비(Clair Bee)의 『위닝 바스켓볼(Winning Basketball Plays)』과 아돌프 루프(Adolph Rupp)의 『오펜시브 바스켓볼(Offensive Basketball)』이라는 단행본이었다. 이 책들은 추리소설을 읽는 것보다도 더 재미있어서 몇 번인가 독파했다.

여기서 두 가지를 짚고 넘어가야 하겠다. 첫째, 김영기는 영어를 훌륭하게 구사한다. 현역 선수로 활약할 때 이미 영어가 유창했다는 선후배들의 증언이 있다. 그는 1997년 10월 15일 서울 힐튼호텔에서 10개 구단 외국인선수 20명의 합동기자회견이 열렸을 때 KBL의 전무로서 모든 과정을 영어로 주재했다. 둘째, 김영기는 『갈채와의 밀어』에 '아돌 루푸의 오펜시브 바스켓 보올'이라고 적었다. 그러나 김영기가 미국의 농구 서적을 탐독할 시기에 활약한 미국인 코치와 이론가들을 검색한 결과 아돌 루푸라는 이름은 보이지 않는다. 켄터키대학의 아돌프 루프일 가능성이 크다. 또한 '오펜시브 바스켓볼'이라는 책은 여러 권이 보이지만 루프의 저서로 분류된 책자는 검색되지 않는다. 하지만 루프는 저서를 많이 남겼고, 『챔피언십 바스켓볼(Rupp's Championship Basketball)』은 베스트셀러가 됐다. 또한 그는 여러 책자에 공동필자로 참여했다. 김영기가 읽은 책은 도서등록이 되지 않은 특별 에디션일 가능성도 있다. 또한 미국에서는 코치들의 훈련 기법이나 전술 운용 기법을 다룬 기술서적이 매년 출간된다. 그러므로 "자세히 알아보면 나올 것이다."

김영기는 농구를 이론적으로 공부하는 동안 '한층 더 엉뚱한 생각을 하기 시작했다.'고 적었다. 그는 '어떻게 하면 김영기의 농구 스타일을 창조해낼 수 있겠는가.'하는 고민을 했다. 그는 책에 이 고민과 노력을 '욕심'이라고 표현했다. 트위스트 슛을 익혀서 경기에 사용하겠다고 생각한 시기도 이 무렵이다.

> 당시의 나는 대선수라는 이름에는 근처에도 못 가는 처지에 있었으면서, 대선수라야 가질 수 있는, 자기 체격에 맞는, 자기만의 스타일의 창조에 부심하였다. 그래서 그때까지 연습해 오던 드리블 연습에 더욱 박차를 가했고, 잡지에서 주워 얻은 트위스트 슛이란 것을 연습하기 시작했다. 이 트위스트 슛은 슛을 쏘기 위하여 점프할 때 함께 점프한 상대 선수를 교묘히 피해가면서 슛하는 이중 모션을 말한다. 상대방 선수를 피할 때는 점프의 힘을 다시 역이용해서 몸을 틀어야 하므로 트위스트란 이름이 붙었으리라 생각된다.

요즘으로 말하자면 '더블 클러치' 정도로 불렸을 김영기의 트위스트 슛은 당시로서는 관중이 일찍이 본 적 없는 묘기임에 틀림없었으리라. 그러나 또한 당시에는 이 기술을 구사한 국내 선수가 없었으므로 습득 과정이 선험(先驗)되지 않은 상태였다. 김영기는 아무 준비 없이 무작정 이 기술을 사용해 보겠다고 작정하고 몸에 익히기 시작한 것이다. 여기에는 당연히 위험이 따랐다. 김영기가 경험한 위험은 대략 이러했다.

점프하여 몸을 비틀 때 허리를 다치기 쉽고 다시 땅으로 떨어질 때에는 몸의 균형을 잃는 까닭에 발목이나 손목을 다치기가 일쑤였다. 나는 이 트위스트 슛을 내 것으로 만들기 위해서 이 위험과 부상을 당하면서도 연습에 열중하였다. 그리고 이따금 경기장에서 써 보기도 했으나 만족할 만한 것은 되지 못했다.

김영기의 노력은 뜻하지 않게 논란거리가 됐다. 우선 스승인 조득준이 기겁을 했다. 농구계 인사들도 고개를 가로저었다. 장래가 촉망되는 젊은 선수가 희한한 재주를 피워가며 무모한 경기를 하여 팀워크를 깬다는 비판도 나왔다. 또한 김영기가 장기로 내세우는 드리블은 개인플레이에 불과하고 트위스트 슛은 필요 없는 에너지만 소모하여 성공률이 낮을 뿐 아니라 팀에 악영향을 미친다는 혹평이 잇따랐다. 김영기를 아끼는 주변인들도 한사코 말렸다. 이런 상황이 거듭되면 김영기만의 플레이는 고사하고 농구선수로서 장래까지 장담하기 어려울 판이었다. 이 때 만난 인물이 바로 존 번이다.

이렇게 난처한 처지에 놓여 있을 때 기묘한 인물이 하나 나타났다. 농구의 시조 네이스미스의 수제자이며 미국대학농구연맹의 상임위원이자, 스프링필드 칼리지의 농구팀을 지도하고 있는 번이라는 분이 아시아재단의 초청을 받고 석 달 동안 전국 대학 팀을 지도하기 위해 내한한 것이다. 고대 1학년 여름이었다.

농구인 김영기

존 번

대한민국의 젊은 선수들은 존 번을 맞이하기 위해 김포 비행장
에 나갔다. 그들은 'Welcome Mr. Bunn!'이라는 플래카드를 들고 있
었다. 학생들은 존 번이 키가 후리후리하고 풍모도 근사하리라고
기대했다. 하지만 비행기 트랩을 내린 사람 중에 건장한 사람들은
학생들이 들고 있는 플래카드를 본체만체 지나쳐 비행장 밖으로 사
라져버렸다. 비행장은 이내 한산해졌다. 플래카드를 든 학생들 앞에
서 체구가 작고 아주 볼품없는 중늙은이 한 사람이 어쩔 줄 몰라 하
고 있었다. 이 사람이 바로 존 번이었다. 한국의 유망한 대학선수들
과 미국농구를 대표하는 위대한 농구인의 첫 만남이었다.

김영기는 존 번이 일반 실업팀 지도를 거절하고 대학생을 지도
하겠다고 나선 점을 의아하게 생각했다. 사실 번은 미국인이었기
때문에 한국의 실업농구팀을 프로팀이라고 생각했다. 김영기를 비

롯한 대학선수들로서는 번이 학생 팀 지도를 선택한 것이 행운이었다. 김영기는 『갈채와의 밀어』에서 "존 번의 합동지도가 있은 뒤부터 대학농구는 중흥의 깃발을 높이 들고 한국농구 개혁의 선봉이 되었다."고 적었다.

김영기가 말한 한국농구의 개혁 작업은 번의 파격적인 지도로부터 시작되었다. 그것은 농구의 이론을 공부하는 오전 시간이었다. 그때까지 한국의 대학생 선수들이 알고 있던 농구는 뛰어난 팀워크와 개인기술로 이루어지는 실기 중심의 농구였다. 그러나 존 번의 주장은 달랐다. 그는 실기 훈련에 앞서 이론을 잘 이해해야 한다는 지론을 펼쳤다. 번은 한국에서 학생들을 가르치는 동안 줄곧 오전 시간을 이론 강의에 할애했다.

선수들은 대부분 짜증을 냈다. 김영기도 예외는 아니었다. '고리타분하게 필기나 해가면서 어떻게 농구의 이론을 공부한다는 거냐.' 속이 부글부글 끓었다. 학생들은 백 가지 이론을 알아도 한 번 실제로 연습해 보느니만 못하다고 생각했다. 그래서 대부분 이론 강의를 들으러 나가지 않았다. 학생들은 나중에 알았지만, 번은 이러한 선수들의 이름을 일일이 적어 두었다. 번이 기술에 앞서 이론, 플레이에 앞서 성실한 인간형성에 주력했다는 사실을 김영기는 나중에야 깨달았다.

존 번의 지도는 오후에 하는 실기 훈련 때도 파격적이었다. 당시 학생 선수들 가운데에는 대표 급 선수인 황태석, 김영수와 동일하게 평가받던 연세대의 조병현과 최태권이 있었다. 번은 이들을 한 마디로 '해치웠다.' 기초기술부터 전반적으로 다시 해야 한다는 것이다. 반면 당시 랭킹으로 따지자면 상위 급으로 평가받지 못하던 김춘배와 염철호 등을 우수한 선수로 꼽고 베스트 멤버로 기용했다. 학생 선수들은 놀라지 않을 수 없었다. 그들의 눈으로 볼 때 잘한다고 생각되는 선수들은 제외되고, 잘하지 못한다고 본 선수가 오히려 존 번의 베스트 파이브로 기용되었기 때문이다. 김영기도 얼른 수긍하지는 못했다. 상황이 이렇게 되자 농구협회의 입장도 난처해졌다. 대학 팀에 미국식 농구를 주입하려다 오히려 한국농구의 장래를 망친다는 의견도 나왔다.

김영기에게 존 번은 어떤 코치였는가. 번은 그때까지 지도자와 주변인들에게 푸대접만 받아온 김영기의 새로운 플레이를 오히려 인정했다. 김영기의 재질을 칭찬하기도 했다. 그의 칭찬을 확신이 뒷받침하고 있었다. 김영기로서는 고마운 일이었다. 존 번이 김영기의 도전적인 농구 기술을 인정해 주지 않았다면 김영기는 한국농구계의 이단자로 낙인찍혀 마침내는 버림받을 수도 있었다. 다만 번은 김영기의 작은 체격을 큰 약점으로 생각했다. 그래서인지 김영기의 재능은 인정하면서도 농구선수로서 대성하리라는 예측은 하지 않았다.

존 번이 가르친 농구 테크닉은 어떤 것들일까. 번은 학생 선수들에게 패스워크를 위주로 한 안전하고 비(非)조직적인 경기 운영 방식을 모험적이고 조직적인 스타일로 바꾸라고 요구했다. 또한 포워드는 공격, 가드는 수비만 하던 재래식 농구를 벗어버리고 팀 전체가 혼연일체가 되어 적극적으로 공격하고 수비하는 스타일로 바꾸라고 했다. 드리블을 삼가고 패스만 하는 소극적인 공격을 지양하라는 번의 요구는 김영기의 새로운 농구 스타일과 일치하는 데가 있었다. 김영기는 쾌재를 불렀지만, 번이 줄곧 협회로부터 불신당하고 있었기에 대놓고 뻐기지는 못했다. 또한 김영기 자신으로서도 번의 지도 내용 중에 납득하기 어려운 대목이 많았기에 조금은 엉거주춤한 입장이었다. 존 번을 매우 훌륭한 코치라고 생각하기 어려웠던 또 하나의 이유는 자신을 베스트 파이브에 기용하지 않았던 데 있었다. 김영기는 훗날 이 당시 자신의 생각이 '부끄럽다'고 반성했다.

존 번의 지도를 농구협회부터 선수에 이르기까지 불신하게 된 또 하나의 이유는 그가 제시하는 농구 기술을 우리 선수들이 충분히 소화하지 못한 데도 있었다. 이 사실은 김영기가 외국 팀을 상대로 경기한 최초의 경험인, 자유중국 대표 극난(克難) 팀과의 대결에서 한국 팀이 참패함으로써 선명하게 확인되었다. 김영기가 가장 짧은 시간 기용된 경기로 기억하는, 그 경기다. 내내 벤치만 달구고 있다가 경기가 끝나기 20초 전에야 코트를 밟을 수 있었던 것이다. 김영기는 "나의 체격과 체력이 약하다는 번 씨의 평가가 그만 20초 선수로 만든 것"이라고 회고하였다.

김영기는 극난 팀에 당한 참패의 원인을 재래식 한국농구에 두 달 동안 배운 존 번식 미국농구가 '짬뽕'이 되어 나타났기 때문이라고 판단했다. 그는 "언제나, 이것도 아니고 저것도 아닌 중간이라는 것은 좋은 결과를 얻지 못하는가보다."라고 썼다. 어찌됐든 한국 선수들은 이 어정쩡한 농구로 극난 팀에 두 번이나 참패를 맛봤다. 극난에 당한 두 차례 패배는 그렇지 않아도 존 번을 탐탁지 않게 보던 대한농구협회와 국내 농구인들의 맹렬한 비난을 불렀다. 번은 이렇게 순탄치 않은 석 달을 한국에서 보내고 미국으로 돌아갔다. 그럼에도 불구하고 김영기는 "그 분은 훌륭한 코치였다."라고 잘라 말했다. 김영기는 존 번이 떠난 뒤에야 그가 펼쳐 보인 농구 이론의 진수를 이해하고 소화하기 시작했다.

"만약 이 게임에 우리가 이긴다면 그것은 오직 여러분 선수들의 영광입니다. 왜냐하면 여러분이 뛰어 이겼기 때문에. 그러나 만약 진다면 그것은 오직 나의 책임입니다. 역량이 부족한 나의 코치가 여러분의 훌륭한 플레이를 이끌어내지 못했기 때문이죠."

이 말은 경기를 앞두고 존 번이 습관처럼 한 말이었다. 겸손한 그의 말은 코치로서의 깊이를 보여주고도 남았다. 훈련 때도 그랬다. 번은 당시 한국에서도 관심이 고조되어가던 체육과학의 박사학위를 가지고 있었다. 선수들의 어지간한 외상은 척척 치료하는 의사이기도 했다. 훈련이나 경기 중에 부상자가 생기면 언제나 가지고 다니던 '적십자 백'(의료용 약품과 도구를 넣은 가방)을 열고 치료해주곤 했다. 그럴 때면 불만으로 입을 내밀고 있던 선수들도 불현 듯 친밀감을 느끼고 감동했다. 스리 맨 러닝 패스 훈련을 할 때 짝이 맞지 않으면 코트에 들어가 선수들과 함께 벅찬 뜀질을 하며 호흡을 맞추어 주기도 했다.

번은 별명 붙이기 선수이기도 했다. 남산에서 돌을 던지면 '김-이-박' 중에 하나가 맞는다는 말이 있다. 번으로서는 한국 선수들의 이름을 외우고 부르기가 쉽지 않았으리라. 그래서 그랬는지 그는 한국 선수들에게 영어와 한국어가 뒤범벅된 별명을 선사했다. 김영기보다 키가 큰 김춘배는 '빅 킴'(Big Kim)이라고 불렀다. 덕분에 김영기는 '리틀 킴'(Little Kim)이 됐다. 턱이 우람한 강병권은 '조 강'(Jaw Kang), 나이보다 노숙해 보이는 백남정은 '그랜드팝'(Grandpop) 이런 식이었다. 이런 별명들이 심지어는 야단을 칠 때도 터져 나오곤 했다. 경기 직전에 외치는 구령도 재미있었다. 번은 한국 선수들에게 이렇게 외치도록 했다.

ALL FOR ONE, ONE FOR ALL, ALL FOR KOREA!
(모두는 한 사람을 위해서, 한 사람은 모두를 위해서,
모두는 코리아를 위해서!)

이렇게 존 번은 경기를 앞두고 한국 선수 모두에게 정신적인 결속을 요구했다. 김영기는 다음과 같이 이해했다. "화려한 플레이보

다는 정신! 승리의 플레이보다는 정신! 그리고 결국 모든 것을 조국을 위해서 바치는 것!"

존 번이 한국을 떠난 뒤, 김영기는 번이 가르친 농구를 연구하기 시작했다. 번의 강의를 받아 적은 노트들을 들추기 시작한 것이다. 그러면서 한 가지 두 가지 이해하기 시작했다. 그리고 자신의 조건에 알맞은 농구를 창조하는 데 교과서로 삼았다. 그와 함께 노트를 꺼내 놓고 착실하게 연구를 시작한 선수가 또 있다. 김춘배와 백남정. 노트를 이해하고 익히기 시작한 그들은 이상하게도 그해 가을부터 각광을 받기 시작했다. 김영기의 플레이에도 눈에 띄는 발전이 있었다.

그 뒤 김영기가 공군 팀에서 활약할 때 존 번이 미8군의 코치로 잠깐 한국을 방문한 일이 있다. 5년 만의 재회였다. 번은 자신을 찾아온 김영기에게 "하이, 리틀 킴! 톱 플레이어가 됐다면서? 정말 기뻐! 정말 장한 일이야! 그 키로 톱 플레이어가 됐다는 것은 무서운 노력이야(의 결과야)!"라며 자기 일처럼 기뻐했다. 김영기는 그 천진스러운 모습을 오래도록 기억했다. 그는 자신을 성장시킨 숨은 공로자의 한 사람으로 존 번을 손꼽는 데 조금도 주저하지 않는다.

서커스, 쇼 그리고 농구

존 번이 미국으로 돌아간 뒤에도 김영기는 여전히 미완의 선수로 남아 있었다. 김영기는 번의 가르침과 영향을 크게 받아들였지만 직접적인 변화는 없었다. 농구에 대한 생각, 마음가짐의 일부에 작은 돌기가 돋은 정도 아니었을까. 국내 무대에서 김영기는 변함없이 환영받지 못했다. 자기 발전을 위한 그의 노력은 이기심이나 헛된 생각의 결과로 받아들여졌다. 존 번은 한국 땅을 떠나자마자 사람들의 기억에서 지워졌다. 그러니 그의 이론을 기억하고 그 가치를 이해하는 농구인을 찾기는 불가능했다. 김영기는 혹독한 평가를 받았지만 결코 꺾이지 않았다.

대학교에서 맞은 첫해가 지나가고 있었다. 어느덧 소년티를 벗은 김영기는 "나의 농구를 건설하겠다."는 뜻을 굽히지 않았다. 그가 생각하기에 존 번이 남기고 간 가르침은 좋은 재료들이었다. 이

재료를 제대로만 다듬어내면 훌륭한 건축물이 완성될 것이 분명했다. 그러나 사람들은 이 사실을 깨닫지 못했고, 심지어는 비방했다. 김영기는 이런 분위기 속에서 스스로를 닦아세웠다. 그 결과 어느 사이엔가 '안전한 슈팅', '안전한 패스', '안전한 농구'의 한계를 탈피하기 시작했다. 그러나 일대일 일변도의 개인플레이에 골몰하지는 않았다. 개인플레이로 시작하는 듯 보여도 결국은 팀 전체의 경기와 조화를 이루는 농구였다.

당시로서는 매우 과감한 경기 방식이었기에 우리 농구계가 김영기의 플레이를 이해하기는 아직 일렀다. "너무 개인플레이를 한다."는 혹평은 계속됐다. 심한 비난도 없지 않았다. "저 친구는 성격적인 결함이 있다."거나 "농구기형아"라는 폭언까지 들었다. 김영기는 때때로 고립감을 느꼈다. 그러나 굽힐 줄 모르는 의지로 존 번이 남기고 간 농구의 새 경지를 발견하는 데 골몰했다. 그러는 동안 김영기를 둘러싼 분위기는 조금씩 호전되었다. 그가 속한 고려대 농구팀의 승률이 점점 높아진 것이다. 고려대가 지는 경기를 거푸 했다면 김영기의 의지도 위협받았을 것이다.

고려대의 승률과 함께 김영기의 경기 기여도도 차츰 향상되었다. 그는 완전한 기회에서 슛을 던지는 대신 모험적인 득점을 노렸다. 그런데도 경기당 30득점을 기록할 수 있었다. 물론 이러한 기록은 김영기가 모험적인 공격을 즐겼기 때문에 가능했다고 보기는 어렵다. 매일 300개 이상 슛을 던지며 가다듬은 득점력이 성과를 냈다고 봐야 정확할 것이다. 어찌됐든 결과는 선명했다. 김영기의 플레이는 고려대 농구팀이 승리를 거두는 데 없어서는 안 될 조건으로 자리를 굳혀 나갔다. 이렇게 승률이 좋아지면서 "농구는 단체경기지만 경기의 출발은 개인의 능력에 기초한다."는 김영기의 농구철학이 고려대 농구팀에 뿌리 내리기 시작했다.

이 무렵 고려대 농구팀은 임동수가 이끌고 있었다. 김영기는 1학년 전반기 동안 조득준의 지도 아래 기초를 다지는 데 힘썼다. 조 코치가 개인 사정으로 휘슬을 내려놓은 다음 만난 임동수는 김영기를 중심으로 한 공격 방식을 고안해서 효과를 보기 시작했다. 김영기의 기록이 향상되고 고려대 농구팀의 승률이 오르는 현상은 긍정적인 신호였다. 그래도 김영기의 경기 방식은 농구 전문가들의 혹독한 비판을 면치 못했다. 그러던 어느 날이었다. 서울 낙원동에 있는 문화관에서 경기가 열리는 날, 김영기는 묵직한 스포츠 가방을 둘러메고 시내버스에 올랐다. 버스 앞자리에 앉은 학생들이 떠드는 소리가 들렸다.

"야, 지금도 늦지 않았다. 우리 내려서 영화구경이나 하지!"

"잠자코 따라와, 내가 진짜 농구를 보여줄게."

"시시하게 농구는 무슨 농구. 난 그런 것 취미 없어."

좀 떨어져 앉은 다른 친구가 참견했다.

"뭐? 취미 없어? 너 한동안은 농구장에 열심히 다니더니 웬일이니?"

"밤낮 보아야 그 농구가 그 농군걸. 뻔해, 뻔해."

"자식! 인마, 네가 아직 고대 9번을 못 봐서 그래. 그 자식 뛰는 건 말야, 이건 귀신이라 귀신!"

"그래. 그 자식 농구하는 건 정말 진짜 농구 보는 것 같아! 키도 조그맣고 체격도 쬐끄만 게….'"

"야, 그 9번 이름이 뭐지?"

"글쎄, 김 뭔데?"

"그래, 김 뭐야."

김영기는 괜히 얼굴이 붉어졌다. '고대 9번'은 김영기의 백넘버였다. 김영기는 얼굴을 바로 들지 못하고 창밖으로 시선을 돌리며 슬그머니 뒤로 물러앉았다. 학생들의 재담은 계속됐다.

"여봐라, 고대 9번이 어찌하기에 그대들이 다 야단인고?"

"말 마소이다, 원님. 하하… 그런데 그 친구가 한 번 공을 잡았다 하면 그건 손에 붙어 다니니까! 손에 지남철(자석)이 있는 것처럼 말야!"

"뭐? 드리블을 그렇게 잘하나?"

"그뿐인 줄 아니? 볼을 몰고 들어가는 데는 정말 귀신이야."

"그 자식, 정말 볼 핸들링은 멋져!"

김영기는 창밖에 시선을 고정한 채 피식 웃었다. 두근거리는 가슴을 달래기 위한 방편이었을 것이다. 속으로는 감격하고 있었다. 버스 안에서 만난 그 학생들은 제법 농구를 알고 즐기는 친구들이었다. 김영기는 이들이 주고받는 대화를 들으면서 자신감과 확신을 얻었다. 자신의 플레이, 고립되고 환영받지 못하는 플레이에 자신이 생긴 것이다. 우연히 주위들은 이 몇 마디 말들이 코치나 동료 선후배의 격려보다 더 힘이 됐다. 버스에서 학생들의 대화를 듣는 동안 그는 적잖이 흥분했고, 이 기분은 고스란히 경기장으로 이어졌다. 경기장에 울리는 박수 소리, 관중의 환호성이 모두 자신을 위한 것처럼 느껴졌다.

김영기가 경기장의 박수소리에 익숙해질 즈음 고려대 농구팀은 일반 팀들을 위협하기 시작했다. 어느새 김영기는 농구계의 새로운 스타로 각광받는 존재가 되었다. 미디어는 신인 연예 스타가 등장할 때처럼 요란스럽게 반응했다. 올림픽 스타들의 인기를 뛰어넘는 신드롬이 일었다. (김영기의 표현을 따르면) '이상한 곳에서의 이상한 박수'가 그의 플레이를 격려해 주었다. 아이로니컬하게도 농구계 내부의 박수소리는 아니었다. 그에게는 또 하나의 혹평이 날아들었다. "김영기는 농구를 서커스와 혼동하고 경기장에서 서커스를 하려 든다."는 평가였다. 그러니까 김영기는 농구선수, 나아가 운동선수가 아니라 쇼맨이라는 것이다. 그렇기에 관중을 사로잡는 개인 쇼를 경기장에서 한다는 이야기였다. 김영기로서는 어처구니없는 일이었다.

하지만 김영기의 농구가 서커스가 아니고 쇼는 더욱 아니라는 사실은 얼마 지나지 않아 확인되었다. 그것도 한국농구계가 아니라 외신을 타고 외부에서 전해진 것이다. 이 또한 아이러니가 아닐 수 없다. 무슨 일이 있었을까. 의문을 풀려면 시계바늘을 되돌려 1956년 1월의 어느 날로 시간여행을 해야 한다. 장소는 자유중국(대만)의 타이베이. 아시아 4개국 농구대회가 처음으로 그곳에서 열렸다.

타이베이의 이상한 박수

김영기는 자신이 대만에서 열린 4개국 농구대회에 나갈 수 있었던 계기를 존 번의 도움에서 찾는다. 그는 『갈채와의 밀어』에 "한 말로 말하면, 이 4개국 농구대회에 우리가 참가할 수 있었던 것은 한국의 농구를 아낀 번 씨의 이국(離國) 선물이었다."고 적었다. '러닝타임 20초'에서 언급했듯이, 존 번이 한국을 떠날 무렵 대만 4개국 농구대회에 나갈 대표로 선발된 선수는 기성 스타들이었다. 안병석, 고세태, 김영수, 황태석 등이 그들이다. 대학생 선수는 조병현 뿐이었다. 김영기는 백남정과 더불어 이 해외파견 대표 팀에 선발되기를 기대했지만 그렇게 되지 않았다. 그는 겉으로 '실력부족'을 이유로 들었지만 적잖이 실망했을 것이다. 아무튼 그렇게 해서 대표 팀 선발을 목표로 열심히 훈련한 젊은이의 노력은 물거품으로 돌아갔다. 그런데 체육회에서 이미 선발된 대표 팀을 갑자기 해산

하고 학생 선발팀을 이 대회에 참가시키라는 지시를 내린 것이다.

　존 번이 한국을 떠나기 전에 마지막으로 만난 사람은 당시 대한체육회 회장 이기붕이었다. 번은 이기붕을 만난 자리에서 한국 대표 팀을 학생 선발군으로 구성할 것을 주장하였다. 그 이유로 제2회 아시아경기대회에 출전한 현재의 대표 팀이 참패를 기록한 점을 들었다. 물론 젊은 선수들을 내보낸다고 해서 승리를 거둔다는 보장은 없지만 번은 내일의 한국농구를 위해 외국의 기술을 젊은 사람들이 접해 보는 것이 크게 도움이 된다고 주장하였다. 번과 개인적으로 친분이 두터웠던 이기붕은 그의 의견에 동의했다. 이런 과정을 거쳐 갑작스런 대표 팀 변경이 이루어졌고, 김영기는 해외파견 대표 팀에 끼어 처음으로 외국에 나가게 된 것이다. 이 대표 팀의 평균연령은 22세였다. 선발로 가드 김춘배와 최태건, 포워드 조병현과 김영기, 센터 백남정이 뛰었다. 대회 장소는 타이베이 시의 3군구장(三軍球場)이었는데 한국 팀은 한 경기도 이기지 못했다.

　전패의 수모를 당했다고는 해도 1954년 제2회 아시아경기대회에 비하면 내용 면에서 나았다고 볼 수도 있다. 한국은 이 대회 예선 3경기에서 2승1패를 기록했는데 캄보디아에 89-48, 싱가포르에 69-65로 이긴 반면 홈팀 필리핀에는 45-84로 참패했다. 결승리그에서는 다시 필리핀에 52-76로 패했고 대만에 53-56, 일본에 47-58로 져서 종합 4위에 머물렀다. 메달을 따지 못한 건 둘째 문제고 아시아 주요 경쟁국인 필리핀, 대만, 일본에 모두 패했으니 암담한 결과가 아닐 수 없었다. 한국의 젊은 대표 팀은 필리핀에 2점(57-59), 대만에는 연장전까지 가는 접전 끝에 2점(63-65)을 졌다. 젊은 선수들로서는 선전했다고 자부해도 좋을 만한 경기 내용이었던 것이다. (한국의 주요 언론이 이 대회 결과를 통신을 인용하여 보도했다. 동아일보와 경향신문이 합동통신을, 조선일보가 AP통신을 인용했다. 그런데 조선일보는 한국과 필리핀의 경기 결과를 46-62로 보도하고 있다.)

김영기는 이 대회에서 뜻밖에 클로즈업됐다. 대만의 팬들은 김영기의 뛰어난 기량에 찬사를 보냈다. 한국에서는 소수의 관중과 고려대의 동료들만 알아주는 김영기의 기술농구가 대만의 팬들에게는 묘기농구로 인식된 것이다. 김영기는 내심 기뻤다. 경기가 열린 이튿날 타이베이의 신문들은 김영기를 언급하면서 "미국식 플레이를 하는 한국의 김영기는 필리핀과 중국 팀에 대한 최대의 위협 인물"이라고 보도하였다. 한자투성이의 대만 신문에서 자신의 이름을 발견한 김영기는 만족했다. 김영기가 대만 농구팬들과 언론으로부터 각광받는다는 소식은 한국에도 알려졌다. 하지만 국내 농구계의 반응은 냉소적이었다. 많은 농구인들은 코웃음을 치면서 말했다. "개인플레이는 원래 이기적이고 개인주의적인 중국 스타일이다. 그러니 중국인들에게 환영받을 수밖에. 그러나 한국농구와는 거리가 먼 얘기다." 김영기의 일화는 훗날 한국의 기린아 허재가 대만 농구팬들의 뜨거운 사랑을 받았던 기억을 떠올리게 만든다. 허재가 김영기보다 행운을 누린 점은 대만 팬들이 열광하기 전에 국내에서 이미 '농구천재'로 각광받았던 데 있다.

김영기는 은퇴할 무렵까지도 이때의 일을 아쉽게 기억했다. 그가 보기에 우리 농구는 이런 습성 때문에 발전하지 못하고 있었다. 선수들의 재능, 타고난 기질 등은 아시아 일류가 되기에 충분한데 개인의 기량을 발전시키려는 노력이 부족하고 그러한 노력을 폄하하거나 금기시하고 있으니. 김영기는 이 시절 "우리가 좀 더 협조적이고 학구적이며 과학적인 농구를 했다면 나보다 우수한 선수는 얼마든지 나왔을 것"이라고 생각했다. 아무튼 김영기는 이역 땅에서 이상한 (처음으로 접해 보는) 박수갈채를 받고 적잖게 고무됐다. 경기를 할 때마다 아깝게 진 대표 팀은 분한 마음과 미래에 대한 확신을 함께 품은 채 여의도 공항에 내렸다. 김영기는 당시의 기분을 '착잡했다.'고 회고했다.

멜버른올림픽 대표

김영기는 타이베이에서 일정한 성공을 거두었지만 국내에서 입지가 크게 달라지지는 않았다. 오히려 농구선수로서 성장하는 데 치명적인 공백을 감수해야 할 위기를 맞았다. 그가 타이베이에 가 있는 동안 고려대 아이스하키 팀이 불상사를 일으켰는데, 이에 대한 징계로 학교는 1년 동안 전 종목 출전금지 명령을 받은 것이다. 고려대 아이스하키 팀은 1956년 1월 23일 한강에서 열린 전국동계체육대회 아이스하키 결승에서 연세대와 경기했다. 2-3으로 뒤진 가운데 시도한 고려대의 슛을 심판이 노골로 처리한 데 격분한 고려대 선수 두 명이 본부석에 난입해 고등부와 일반부 우승팀에 수여하려는 트로피를 파손했다. 고려대는 비판을 면하기 어려웠고, 당연히 여러 가지 징계가 따랐다.

김영기는 아찔했다. 전 종목 출정정지니까 당연히 농구부도 포함됐다. '(1956년에 열리는) 멜버른 올림픽에 출전할 수 없는 건가?' 고려대 농구팀은 대표선수 선발경기에 참가할 수 없으니 태극마크를 향한 김영기의 열망도 구제받기는 어려웠다. 김영기는 그때까지 가슴 속에 품어온 야망이 일시에 무너지는 기분을 맛봤다. 어떤 일이 있어도 올림픽에 출전하겠다는 것, 이 목표는 그 해 김영기의 지상 과업이었다. 그것이 좌절될 수도 있는 것이다. 그러나 김영기에게나 우리 농구에 모두 다행으로, 그는 멜버른올림픽 대표선수 선발전에 참가할 수 있었다. 김영기가 고려대에 진학한 이후 줄곧 멘토 역할을 해준 인물, 주기선의 노력과 배려 덕분이었다.

고려대 농구팀은 어느 대회에도 출전할 수 없었다. 이때 주기선은 '전고대(全高大)' 팀을 결성하기 위해 발 벗고 나섰다. 고려대학교 농구팀으로는 출전할 수 없지만 졸업생과 재학생 혼성팀이 참가한다면 받아준다는 협회의 '내약(內約)'이 있었다고 한다. 사실 고려대 혼성팀이 대회에서 좋은 성적을 거둘 가능성은 크지 않았다. 훈련이 부족했고, 선수들끼리 손발을 맞출 기회도 없었기 때문이다. 당시 고려대에는 대표선수로 뽑을 만한 선수가 없다는 것이 농구계의 중론이기도 했다. 그럼에도 주기선이 전고대 팀을 구성하기 위해 노력한 이유는 사실 김영기를 생각해서였다.

주기선은 헌신적이었다. 그는 선배를 찾아다녔다. 산업은행 농구부에서 은퇴한 이인성, 김성태를 설득했고 오래 전에 유니폼을 벗은 이혜재에게도 참여를 권했다. 동분서주한 보람이 있어 김영기를 중심으로 선발전에 나갈 수 있는 팀이 구색을 갖추게 됐다. 팀이 승산이 있느냐 없느냐는 중요하지 않았다. 선배들은 김영기만 바라보고 헌신했다. 훈련비도 없는 팀. 선수들이 허기질 때마다 주기선은 시계를 풀어 맡겼다. 그의 시계는 전고대 팀 선수들의 빈속을 채우기 위해 우동가게와 설렁탕집을 전전했다.

주기선은 경기 중에도 김영기 생각만 하는 것 같았다. 자신이 슛을 할 기회가 있어도 김영기에게 양보했다. 다루기 어려운 공을 살려내 김영기에게 어시스트했다. 그 결과 빛나는 득점 장면을 김영기가 독점할 수 있었다. 전고대 팀에서 김영기는 가장 빛나는 존재로 인식되었다. 주기선은 기꺼이 조역을, 아니 엑스트라 역할을 감내했다. 김영기는 고마운 마음을 훈련으로 표현했다. 이렇게 도와주는 선배들의 사랑을 마음에 새기고 어떻게든 멜버른에 가야 한다고 다짐했다. 그리고 대표선발전이 끝났을 때 김영기는 명단의 아랫줄에 이름을 올릴 수 있었다. 이름을 확인한 김영기는 쏜살같이 주기선에게 달려갔다.

"형!"
"정말 기쁘다."
"정말 감사해요, 형!"
"뭘, 다 실력인데."
주기선의 눈에 눈물이 고였다.

"아무쪼록, (멜버른에) 가면 모교를 위해서라도 힘껏 싸워야 해! 이를 악물고 말야!"

지금 읽어도 가슴 찡한 이야기다. 고려대 농구부가 명문임을 모르는 농구팬은 없다. 일제강점기 이후 스포츠 부문에서 이 대학의 기여는 일일이 예를 들어 말하기 어렵다. 필자는 고려대학교 스포츠의 가장 큰 위업을 수많은 트로피(우승기록)에서 찾지 않는다. 고려대 스포츠는 수많은 인재(스타)를 키워 배출했고, 이들은 경기 부문뿐 아니라 현역 생활을 마친 이후에도 지속적으로 각 스포츠 영역에서 의미 있는 역할을 수행했다. 고려대와 쌍벽을 이루는 대학이 연세대이다. 김영기는 고려대 스포츠의 대표 격이다. 스포츠의 영역에서 그는 농구를 밑바탕 삼아 실로 전인적인 활약을 했다. 그가 금융인으로서도 성공한 인물이며, 체육행정가로서 우뚝하다는 점은 별개로 친다 해도.

인생은 아이러니. 고려대 진학이 소년 김영기의 가장 큰 꿈은 아니었다. 그의 진학에는 우여곡절이 따랐다. 시곗바늘을 잠시 뒤로 물리겠다.

II

DREAM

절친 정운경

　김영기는 『갈채와의 밀어』에 어린 시절의 삽화를 여럿 소개했다. 소년 김영기는 개구쟁이였던 것 같다. 성격이 활발한 소년들이 대개 그렇듯이 운동을 좋아했다. 중학교에 들어간 뒤로는 무슨 운동이든지 하고 싶어 죽을 지경이었다. 사실 김영기는 왜소한 소년이었다. 키가 작아 학급에서는 늘 앞줄에 앉았고 체력도 약한 편이었다. 그래도 기본적인 운동신경만은 남달랐다. 운동을 하고 싶다는 그의 열망은 (김영기는 '광기'라고까지 표현했다.) 쉽사리 충족되지 못했다. 학교 운동부 같은 곳은 문이 굳게 닫혀 있었다. 김영기가 울분을 삭인 곳은 동네 골목이다.

　김영기의 오랜 친구 중에 정운경이 있다. 「왈순 아지매」라는 네 컷짜리 신문 시사만화로 유명한 그 정운경 화백이 어린 시절 김영기의 단짝이었다. 김영기가 서울 초동에서 골목대장 노릇을 할 때

정운경은 이미 그림에 미쳐 있었다고 한다. 어린이들은 대개 그림을 좋아하고 만화라면 사족을 못 쓴다. 운동 좋아하는 김영기도 어릴 때는 정운경과 함께 그림을 그리며 놀았다. 무슨 그림인가. 동네 왈패들 중에서도 가장 미운 녀석을 골라서 남의 집 담벼락에 가능한 기술을 총동원해 추한 모습으로 그려놓았다. 거기다 'XXX는 나쁜 자식'이라는 설명까지 친절하게 덧붙였다. 그리고는 냅다 달려 골목을 빠져나가는 것이다.

김영기와 정운경이 왕성하게 창작열을 불태우는 바람에 동네 골목 담벼락에는 빈자리가 남지 않았다. 말하자면 소년 작가들의 상설 가두전시가 초동 골목을 장식한 것이다. 두 사람은 골목그림 만으로는 부족했는지 어설프게나마 스토리를 꾸며내 만화책을 만든 다음 독자들에게 보급했다. 독자들이란 다름 아닌 동네 꼬마들이었는데, '두 어린이 화백은 기특하게도 구독료를 면제함으로써 아동복지에 기여했다.'(김영기) 만화 내용이나 형식이야 오죽했겠는가. 크레용을 덕지덕지 바른 종잇장 위에 김영기와 정운경은 언제나 정의의 사자로 등장한다. 담벼락을 장식한 그 미운 친구는 물론 악당 역할을 면하기 어렵고.

두 사람이 함께 같은 일을 해도 재능의 차이는 엄연했다. 김영기와 정운경이 그림 장난을 할 때, 언제나 정운경의 그림이 돋보였다. 하지만 몸을 쓰는 장난이나 놀이에서는 정운경이 김영기를 따라갈 수 없었다. 딱지치기, 구슬치기 같은 놀이를 하면 잽싸고 정확한 김영기가 무조건 이겼다. 끝날 때쯤엔 항상 김영기의 주머니가 두둑했다. 짓궂은 두 소년은 딱지놀이나 구슬놀이에 쉽게 싫증을 냈다. 더 강한 자극이 필요했을까. 그들은 '죽고 싶을 정도로' 재미있는 놀이를 개발해냈다. 진흙 범벅이 된 고무공을 골목 어귀에 놓고 기다렸다 예쁜 여성이 지나갈 때 발로 차서 궁둥이에 명중시키는 장난을 했다. 언젠가는 대가를 치를 게 분명했다.

비가 내리는 어느 날. 악동 김영기와 정운경은 진흙덩이인지 공인지 분간하기 어려운 것을 대령해 놓고 사냥감을 기다리고 있었다. 곧 닥칠 운명을 짐작조차 못한 채, 저쪽에서 대학생인 듯한 젊은 여성이 걸어오고 있었다. 예뻤다. 젊은 여성은 천천히 걸어 악동들 앞을 지나쳤고, 이내 등허리가 훤히 드러났다. 냅다 차낸 진흙투성이 공은 정확하게 날아가 젊은 여성의 엉덩이에 명중했다. "백보드도 림도 맞지 않고 들어가는 클린 슛!" 김영기는 매우 만족했지만 도망가야 할 타이밍을 놓쳤다. 정운경은 눈치 빠르게 골목 저편으로 달아나고 있었다. 김영기는 재빨리 몸을 돌이켰지만 이미 늦었다.

누군지 알 수 없는 우람한 손아귀가 김영기의 목덜미를 움켜쥐었다. 김영기는 꼼짝 못하고 피해 여성 앞에 끌려갔다. 그 아름답고 젊은 여성은 금방이라도 울 것 같은 표정을 지었다. 그 와중에도 김영기는 여성의 궁둥이를 살피며 자신의 정확한 솜씨에 스스로 감탄하고 있었다. 젊은 기사(騎士)의 손아귀에서 옴짝달싹 못하던 김영기는 마침 골목을 지나가던 경찰에게 인도되었다. 경찰은 김영기

소년의 뛰어난 솜씨를 칭찬(?)했지만 책임은 물었다. 결국 김영기는 즉결심판에 넘겨졌는데, 형의 집행도 경찰이 맡았다. 경찰은 까까머리 소년에게 꿀밤을 몇 대 놓아 줌으로써 훈육의 책임을 다했다. 짓궂었지만, 이런 장난으로도 김영기는 만족할 수 없었다. 무조건 운동을 하고 싶었다.

바늘구멍, 농구선수가 되는 길

필자는 체육사학자로서 연구논문을 쓰기 위해 신동파, 김인건, 이인표, 유희형, 최종규, 김무현, 김동광 등 우리 농구의 뛰어난 인물들을 인터뷰한 경험이 있다. 이 가운데 신동파와 김동광은 운동을 하고 싶었지만 쉽게 운동부에 들어가지 못한 경험을 공유한다. 그들이 평생을 바친 농구는 사실 유일한 선택이 아니었다. 두 사람은 야구를 좋아했지만 끝내 야구부에 들어가지 못했다. 결국 운명의 부름에 이끌려, 더 노골적으로 표현하자면 어쩌다 보니 농구선수가 되었다. 그들이 농구에 심혈을 기울이고, 그 결과 국제적인 스타로 성공한 것과는 별개의 문제다.

신동파는 회고록과 구술을 통하여 휘문중학교 1학년 때 우연한 계기로 농구부에 입회하게 되었으며, 원래는 야구선수가 되는 것이 꿈이었다고 하였다. 군수를 지낸 조부와 공무원으로 일한 아버지

슬하의 1남 2녀 중 장남으로 유복하게 자란 그는, 부모의 뜻을 존중하고 순종하는 온화하고 원만한 성격이었다. 성격이 원만한 신동파지만 매우 고집스럽게 추구한 인생의 방향이 있었으니, 바로 운동 내지 스포츠에 대한 선망과 추구였다고 할 수 있다. 신동파는 초등학교 시절부터 청계천 근처의 모래밭에서 마을 친구들과 야구 경기를 하며 놀기를 좋아했고 주로 포수를 맡았으며, 휘문중학교에 진학하자마자 곧바로 야구부에 가입한 데서 운동선수가 되겠다는 그의 열망을 확인할 수 있다. 그는 회고록에서 '아시아의 철인' 박현식(朴賢植)과 같은 대선수가 되기를 꿈꾸었다고 고백하였다.

1957년 3월 나는 휘문중학교에 들어갔다. 중학에 입학했을 당시 나의 꿈은 홈런왕 박현식(朴賢植) 씨와 같은 훌륭한 야구선수가 되는 것이었다. 국민학교 시절부터 나는 동네에서 야구를 즐겨 했다. 나는 단짝친구들과 어울려 동네대항 야구시합을 곧잘 했다. 나의 포지션은 포수. 그러던 어느 날 우리 산림동 팀은 인현동 팀과 청계천변에서 경기를 하게 되었다. 이때는 청계천이 복개되지 않고 있어 가운데는 내가 흐르고 내의 양 가에는 모래사장이 있어 우리들의 좋은 놀이터가 될 수 있었다. 이날 경기에서 나는 상대편 투수가 던지는 공에 왼쪽 눈을 얻어맞아 눈이 퉁퉁 부어올랐으며 집에 돌아가서는 부모들

로부터 호된 꾸지람을 들었다. 이후 나는 부모 몰래 야구
를 즐기면서도 포수는 그만두고 외야수를 했다.

야구선수가 되겠다는 신동파의 결심은 단단했지만 세상의 모
든 일이 그렇듯이 그의 꿈도 시련에 부딪혔다. 중학생이 되어 설레
는 마음으로 야구부에 가입할 무렵 신동파의 체격은 키 1m65㎝로
비교적 큰 편이었지만 몸무게가 45㎏ 안팎이어서 마른 편이었으며,
휘문중학교의 야구부 감독(신동파는 그의 이름을 기억하지 못하고 있으나 최
영식을 비롯한 당시의 휘문중·고등학교 동문들은 손희준이라고 기억하였다.)은 이
러한 체격을 '약한 몸'으로 간주하였던 것 같다. 왜냐하면 그는 신동
파에게 "너는 몸이 약해 야구선수가 될 수 없으니 야구를 그만두고
공부나 열심히 하라."라며 탈퇴를 권한 것이다.

나는 이 순간 몸이 깡마른 나를 한없이 원망하였다.
이 당시 나의 키는 1m65㎝로 비교적 큰 편이었으나 체중
은 45㎏ 정도여서 마른 편이었다. 너무 실망하는 나를 보
고 감독은 당황하면서 "야구선수가 되려면 몸도 튼튼해
야 되고 특히 체격이 좋아야 한다."고 말하고 "몸이 튼튼
해지면 다시 야구부에 들어오라."면서 곧 울음을 터뜨릴
것 같은 나를 위로해 주었다. 나는 야구부에서 쫓겨난 것
이 어린 마음에 분하고 서러워 집에 돌아와서 이불에 얼

굴을 묻고 울었다.

김동광은 1965년 인천 신흥초등학교를 졸업하고 송도중학교에 진학한 다음 농구선수가 되었다. 그는 초등학교에 다니면서 육상, 기계체조, 핸드볼, 야구 등 여러 가지 운동을 했다고 한다. 특히 야구에 관심이 많았던 김동광은 인천 상의중학교에 진학하고자 했지만 낙방했고 2차 지명 학교였던 송도중학교에 입학하게 되었다. 그는 중학교 진학 당시 농구에 대해 전혀 알지 못했고, 함께 진학한 친구 문영환과 함께 농구부의 훈련을 구경하다가 코치로 일하던 전규삼의 권유를 받아 선수가 되었다고 농구 입문 과정을 술회하였다.

나는 중학생이 되어서야 농구를 처음 보았다. 그때만 해도 아웃코트에서 운동을 할 때다. 문영환이라고 지금은 미국에 있는 혼혈아 친구와 '야 이거 재미있다' 이러면서 구경하고 있었는데 전규삼 선생님이 다가와 "너희들 운동할래?"하고 물으셔서 "한 번 해보겠습니다."하고 대답했다. 우리가 웬만한 애들보다는 키가 커서 전규삼 선생님 눈에 띄었을 것이다. 전 선생님은 우리를 보고 (혼혈아니까) 한국 아이들보다 키가 더 자랄 것이다, 이렇게 생각을 하셨던 것 같다.

비 온 뒤 골목길에서 지나가는 여성의 궁둥이를 향해 진흙 묻은 공을 날리며 개구쟁이 짓을 하던 김영기도 단번에 농구선수가 되지는 못했다. 골목대장 노릇을 하는 동안 그는 자신이 꽤 운동신경을 타고났다고 확신한 것 같다. 타고난 재능을 시험해보고 싶은 생각이 어린 김영기를 사로잡기 시작했다. 어떤 운동이든 하고 싶었다. 그 중에서도 농구가 가장 매력 있는 운동이었다. 김영기는 경기 중에 음악만 틀어 놓으면 훌륭한 군무(群舞)가 될 것 같은 농구의 기계적이고 율동적인 움직임에 완전히 매료됐다. 당시 배재 농구가 전국 무대를 휩쓸고 있던 것도 영향을 주었을 것이다. 기왕이면 각광받는 종목의 선수가 되고 싶었던 것이다.

어느 날, 김영기는 용기를 내서 농구부를 찾아갔다. 코트 안에서는 농구부원 열댓 명이 열심히 달리고 슛을 하면서 땀을 뻘뻘 흘리고 있었다. 한쪽에서는 김영기에게도 낯이 익은 코치 선생이 네댓 명에게 기본 동작을 가르치고 있었다. 이때 김영기 쪽으로 공이 하나 굴러왔다. 그는 선망어린 손끝으로 공을 주워들었다. 그리고 공을 가지러 오는 선수에게 패스했다. 그 순간 김영기는 신명이 난 두 팔의 혈관 속에서 피가 끓어오르는 것을 느꼈다. 잔뜩 상기된 얼굴로 코트를 바라볼 때 코치 선생이 그의 앞으로 걸어왔다. 김영기는 떨리는 가슴을 달래며 입을 열었다.

"저… 선생님!"

선생은 아무 대답 없이 귀찮다는 듯한 표정으로 소년 김영기를 내려다보았다. 김영기는 얼굴을 제대로 들지도 못하고 시선을 땅으로 향한 채 겨우 이렇게 말했다.

"저… 농구가 하고 싶어서 왔습니다!"

"네가?"

어떻게 너 따위가 농구를 하겠느냐는 듯한 표정. 김영기는 용기를 짜냈다.

"예, 저도 하면 될 것 같아요! 선생님, 꼭 시켜 주세요."

"농구 해 봤니?"

"못해봤습니다."

"그럼 어떻게 농구를 하겠다는 거야?"

"그래도 하면 될 것 같아요!"

"그렇게 뜻대로 되지 않는 거야. 그리고 네 체격 가지고는 공이 너를 데리고 다니는 농구지, 네가 공을 가지고 움직이는 농구는 못하겠다!"

사실 이 무렵 김영기는 약골에 속했다. 키는 1m30㎝, 몸무게 45㎏이었으니 큰 키와 강인한 체력을 요구하는 농구와는 거리가 멀었다. 거기다 얼굴은 샌님처럼 하얗고 손은 정상이 아니라고 할 정도로 작았다. 그래도 코치 선생에게 거절을 당하니 몹시 섭섭했다. 그리고 분했다. 소년 신동파의 울음보를 터뜨린 그 분함과 서운함을 김영기도 앞서 체험하고 있었다.

"그러나… 선생님!"

"······."

코치 선생은 언짢은 표정을 지었다. 알아듣게 이야기를 했는데 왜 귀찮게 구느냐는 듯한 표정이었다.

"전 선수가 안 돼도 좋아요. 그냥 농구부에 넣어만 주세요!"

"그게 쉬운 일이 아니란 말이다!"

코치 선생은 내뱉듯이 쏘아붙이고 그냥 가버렸다. 김영기는 되돌아설 수밖에 없었다. 일단 후퇴. 코트를 떠나면서 몇 번이나 훈련하는 농구선수들을 돌아보았다. 그 다음날 방과 후에도 김영기의 발걸음은 자신도 모르는 사이에 농구장으로 향했다. 그는 코트에서 좀 떨어진 곳에 쪼그리고 앉아 선수들의 훈련을 눈여겨보았다. 그리고 그 다음날에도 또 그 다음날에도 방과 후에는 어김없이 농구장 주변에서 어슬렁거렸다.

운동부 순회대사

　농구장 근처를 전전하며 눈치를 보던 김영기는 며칠이 지난 뒤 축구부 학생들 틈에서 발견되었다. 그는 축구공을 들고 다니는 후보 선수도 햇병아리 선수도 아니고 '달걀 선수'가 되어 있었다. 축구부원은 40명이 넘었다. 이 가운데 반수는 김영기와 같은 처지였다. 농구부에 들어가지 못하고 할 수 없이 축구부에 들어가 운동하고픈 마음을 달래려는 학생들이었다. 김영기는 열심히 운동했다. 달리기부터 시작해서 공을 차는 방법에 이르기까지 성의 있게 배우고 익혔다. 축구도 재미가 있었다. '공든 탑이 무너지랴.'는 속담을 믿고 최선을 다해 훈련했다. 그는 매일 수업 시간이 끝나기를 기다리게 되었다. 그런데 어느 날…. 주장이 그를 불렀다.

　"야, 김영기!"

　"예!"

"너, 정말 축구를 하고 싶니?"

"……."

"인마, 얘길 해봐!"

"예!"

"하지만 말이다. 우리가 암만 생각해도 너에겐 소질이 없다고 생각되는데…."

"!?"

"첫째, 키가 너무 작단 말야. 어제 코치도 그런 말 하더라."

김영기는 볼멘소리로 대꾸했다.

"키는 차차 커질 게 아녜요?"

"하하… 인마, 누구 키는 너 자라는 동안에 안 커진다든?"

"하지만 월반(越班)하는 식으로 키가 커지면 될 거 아니에요!"

"야, 키가 그렇게 네 맘대로 커지고 줄어들고 한다면 진작 키를 키우지 그랬어!"

더 말할 것도 없었다. 축구부에서 나가란 소리였다. 김영기는 속으로 탄식했다.

'아아… 이 축구부에서는 고무공을 차서 지나가는 아가씨의 엉덩이를 명중시킨 내 킥 솜씨를 알아주지 않는구나!'

그는 아무 말 없이 축구부를 떠났다.

김영기는 농구부와 축구부에서 잇따라 퇴짜를 맞고도 굴하지 않았다. 이번에는 탁구부를 들락거렸다. 탁구부에는 김영기의 키를 탓하는 사람이 없었다. 체구가 작다며 그만두라는 사람도 없었다. 옳다구나! 그는 부랴부랴 탁구 라켓을 장만해 매일 탁구부 훈련장이 있는 3층으로 달려갔다. 탁구대 근처를 맴돈 지 한두 달 지났을 때, 김영기는 탁구라는 운동에 싫증이 났다. 조그만 공을 라켓으로 두들겨 좁은 테이블 이쪽저쪽으로 네트를 넘기는 동작의 반복. 이게 무슨 운동이 되랴 싶었다. 너무 단조롭고 단순했다. 여성에게나 어울리는 운동, 사내에게는 맞지 않는 간사한 운동이라고 생각했다. 김영기는 제풀에 주저앉고 말았다. 급기야 두 달 만에 탁구부와 작별을 고했다.

다음은 육상부. 이번엔 마라톤이었다. 1950년 보스턴 마라톤에서 함기용, 송길윤, 최윤칠이 1, 2, 3위를 휩쓴 감격의 여운이 채 사라지기 전이었다. 김영기는 의기양양했다. 작은 체구로 땀을 흘리며 끈기 있게 할 수 있는 운동은 이 전도유망한 종목이라고 확신했다. 그러나 마라톤도 오래 가지 않았다. 김영기는 어느 순간 마라톤에도 흥미를 잃었다. 이렇다 할 구체적인 목표도 없이 시간과 싸우는 마라톤은 스스로 운동을 한다는 사실을 실감하기 어려웠다. 그는 좀 더 극렬하고 스릴이 넘치는 운동을 하고 싶었다. 그래서 찾아간 곳이 유도부였다. 오랜 시간이 지난 다음 어처구니없는 일이었다고 후회했지만 소년 김영기는 언제나 진심이었다. 작은 체격 때문에 정말 하고 싶었던 농구부에 들어가지 못하고, 축구부에서도 쫓겨난 그로서는 유도부의 문이라도 두들겨야 했던 것이다. 그는 유도뿐

농구인 김영기

아니라 역도도 시작했다. 결과는 뻔했다. 무거운 바벨을 들었다 놓았다 하는 이 운동의 묘미도 의미도 그로서는 알기 어려웠다. 맹목적인 운동, 반복되는 훈련을 그는 견뎌내지 못했다. 알통이 생기기도 전에 역도와의 인연은 끝났다.

겨울이 되면 거리에 스케이트 화를 둘러멘 학생이 넘쳐났다. 한강에 나가 스케이트를 타던 시절이다. 당시 한강에서는 전국 규모의 스케이트 경기도 열렸다. 김영기는 질세라 벽장 속에 잠들어 있던 스케이트 화를 꺼내 기름칠을 하고 날을 갈았다. 이번에는 진짜로 스케이트 선수가 되리라! 김영기의 다짐은 곧 현실이 되었다. 그는 배재 유니폼을 입고 청주에서 열린 전국대회에 출전할 수 있었다. 그러나 의욕만 가지고 되는 일이 있으랴. 입상과는 거리가 멀었다. 풀이 죽어 돌아온 김영기는 스케이트와도 헤어졌다. 오랜 시간이 지난 뒤에 김영기는 스케이트 선수로 뛴 경험이 농구선수로 성공하는 데 밑거름이 됐다고 회고했다. 그가 농구 코트에서 1m 이상 점프할 수 있었던 비결은 스케이트를 타면서 허리와 다리 힘을 단련한 데 있다고 생각한 것이다.

김영기는 이렇게 배재학원의 '운동부 순회대사' 노릇을 착실히 해냈다. 아무도 알아주지 않았고, 스스로도 의미를 찾지 못해 방황한 시간이었다. 당연한 일이지만, 이러는 동안 그의 학업성적은 곤두박질쳤다. 아들의 성적표를 받아든 아버지는 깜짝 놀랐다. 운동을 한답시고 나대는 것을 내버려두었더니 이 모양이 됐구나 싶었을 것이다. 아버지는 눈을 부릅뜨고 아들을 다잡았다. 물론 김영기도 각오는 했다.

농구선수가 되다

김영기의 운동부 순회대사 업무는 오래 가지 않았다. 1950년 6월 25일 새벽, 북한 공산군이 38선 전역에 걸쳐 전면 남침을 개시하였다. 한국전쟁이 터진 것이다. 김영기가 중학교 3학년일 때의 일이다. 서울을 집어삼킨 북한군은 민족해방을 표방했지만 실상은 인민재판을 내세운 공포정치였다. 강제동원과 징집이 이어졌다.(한국민족문화대백과사전) 서울시민 모두가 전쟁의 한복판에서 삶을 꾸려가야 했다. 나날의 삶을 지켜내는 일이 최우선이었다. 이런 상황이니 순회대사가 방문할 운동부가 남아났을 리 없다.

전쟁은 교과서도 공책도, 김영기가 그토록 사랑한 공도 빼앗아 갔다. 삶은 고단했다. 쌀밥을 구경하기 어렵고, 보리밥과 변변찮은 반찬으로 끼니를 때웠다. 어떤 때는 멀건 보리죽으로 허기를 달래기도 했다. 하지만 그는 아직 어렸으므로, 지금이 더 좋다고 생각했다. 마음껏 개구쟁이 짓을 하며 놀아도 뭐라는 사람이 없었다. 어른들은 아이들에게 공부하라고 타이를 여력조차 잃어갔다. 김영기는 다시 골목대장으로 돌아갔다. 알아주는 사람이 없어서 그렇지, 만능선수 김영기를 따라올 경쟁자가 인민군이 점령한 서울의 골목 안에는 없었다.

김영기의 가족은 '1.4후퇴' 때 대구로 피란을 갔다. 준비를 철저히 한 다음 남침한 북한군은 전쟁 초기 승승장구하여 사흘 만에 서울을 점령했다. 미국이 주도하는 국제연합(UN) 연합군의 참전과 인천상륙작전의 성공으로 9월 28일 서울을 되찾고 북진했지만 중국이 개입하면서 전쟁의 흐름은 다시 역류했다. 공산군은 1951년 1월 4일 다시 수도 서울을 점령하기에 이르렀고, 한국 정부와 민간인은 또 한 번 남으로 피난길에 올랐다. 이것이 1·4후퇴이다. (한국민족문화대백과사전)

국군과 연합군은 1951년 3월 15일 서울을 탈환했다. 김영기 가족은 그 해 가을 폐허가 된 서울로 돌아왔다. 전쟁의 상흔이 역력한 골목 어디에도 골목대장 김영기의 운동실력을 알아주던 친구들은 없었다. 서울은 비어 있었다. 대전과 대구를 거쳐 1950년 8월 18일 부산으로 도망친 정부는 아직 돌아오지 않았다. 대한민국 정부는 1953년 8월 15일, 국회는 9월 16일에야 서울로 복귀했다. 학교들도 대개 피란지에 머무르고 있었다. 환도(還都)를 미루고 있는 학교들을 대신해 1951년 겨울 '종합훈육소'가 문을 열었다.

철없는 학생들의 가슴에도 전쟁이 짓밟고 간 상처는 컸다. 종합 훈육소에 나가 앉은 학생들에게서는 공부하고 싶은 의욕도, 운동하고 싶은 의욕도 찾기 어려웠다. 김영기도 크게 다르지 않았다. 그는 실의에 빠진 외톨이 소년이었다. 바지 주머니에 손을 넣은 채 하릴없이 골목 사이를 오갈 뿐이었다. 종합훈육소에는 중학교 3학년으로 발을 들여놓았다가 이듬해 배재학교가 환도하자 고등학교 1학년으로 진학했다. 전쟁은 짓궂게도 멀쩡한 김영기를 한 학년 유급시켜버린 것이다.

운동도 안정도 없는 고등학교에서의 첫 해가 지나갔다. 김영기에 대한 아버지의 단속도 어지간히 느슨해졌다. 그러나 시간은 어떤 경우에든 고집스럽게 흐른다. 그리고 소년 김영기를 결코 그냥 두지 않았다. 그는 어느덧 2학년이 되었다. 서울에 돌아온 지 얼마 되지 않았을 때여서 학교도 여전히 어수선했다. 어느 날 김영기는 우연히 농구 코트를 지나다가 몇몇 부원들이 훈련하는 광경을 처음으로 보았다. 그 순간 가슴 속에 불길이 일었다. 농구부에 들어가고 싶었던 중학생 시절의 열정이 고스란히 되살아남을 느꼈다. 김영기는 더 생각해 볼 것도 없이 책가방을 팽개치고 교복 차림으로 코트에 들어섰다.

"어이, 나도 좀 하자!"

그러자 안경을 쓴 학생 하나가 그를 쏘아보며 물었다.

"농구를 해본 일이나 있니?"

"농구해 본 일? 아니, 해본 적 없어. 하지만 붙여만 주면 열심히 해보겠어!"

비록 전쟁이 터지기 전에 운동부 순회대사를 역임했다고는 하지만 왠지 농구만은 변덕을 부리지 않고 끝까지 할 것 같았다. 이 기회를 놓쳐서는 안 될 것이, 그때 배재고등학교 농구부에는 코치가 없었다. 아직 피란지에서 돌아오지 않았던 것이다. 수단과 방법을 가릴 것 없이 이 기회에 농구부에 들어가야 했다. 김영기는 무턱대고 농구부원들을 졸랐다.

"농구 안 해봤으면 곤란한데…."

"열심히 해서 따라가면 될 것 아냐! 어이, 좀 넣어 다오."

안경 쓴 학생이 난처한지 동료들을 불렀다.

"어이!"

슛 던지는 훈련을 하던 패들이 우르르 몰려왔다.

"이 친구가 우리 부에 들어오겠다는데, 어떻게 하지?"

몸집 좋은 부원 하나가 김영기를 위아래로 훑어보며 물었다.

"너, 몇 학년이야?"

"2학년."

"뭐? 2학년?"

2학년치고는 너무 작다는 눈치였다.

"그래. 하지만 우리 아버지도 키가 크니까 나도 커질 거다!"

모두 "와아!"하고 웃었다.

　　　　　　　　　　　　　　　　　농구인 김영기

안경을 쓴 친구가 동정적으로 나왔다.

"어이, 붙여주자!"

"나중에 코치가 와서 뭐라고 하면 어쩐다?"

"그건 그때 문제고, 소질만 있으면 될 것 아냐?"

안경이 적극적으로 나왔다. 동료들도 크게 반대하지 않았다. 마침내 결론이 나왔다.

"어이, 너 말이야. 정 농구가 하고 싶으면 말이야, 내일부터 운동복 준비하고, 나와서 … 해!"

됐다! 김영기는 신이 나서 부원들과 돌아가며 악수를 했다. 모두 손바닥이 나무꾼들처럼 거칠었다. 안경을 쓴 친구와도 악수를 했다. 김영기는 나중에 알았지만, 이 고마운 친구가 바로 연용모(延龍模)다. 그는 훗날 한국방송(KBS)의 작가 겸 프로듀서가 되어 단막극을 많이 쓰고 연출도 했다.

이제부터는 매일 훈련, 또 훈련이었다. 코치도 없고 매니저도 없는 배재고등학교 농구부는 시간도 정하지 않은 채 무작정 훈련에 매달렸다. 훈련이라고 해 봐야 러닝 레이 업, 자유투 정도에 불과했다. 이 엉터리 같은 농구부원에게도 유니폼이 지급되었다. 흰 러닝 셔츠에 싸구려 물감을 들인 초라한 유니폼이었다. 그래도 그 유니폼을 받아들었을 때 김영기는 하늘을 날 것 같은 기분이었다. 시도 때도 없이 위아래로 어루만지며 무슨 보물이라도 되는 양 곱게 접어 책가방 속에 모시고 다녔다. 교과서도 공책도 도시락도 유니폼보다 더 귀할 수는 없었다. 이렇게 해서 김영기와 농구의 동행이 시작되었다. 김영기는 『갈채와의 밀어』에 '나와 농구의 신혼생활'이라고 표현했다.

불타버린 유니폼

꿈에도 그리던 배재 농구부의 유니폼을 입은 김영기는 거칠 것이 없었다. 그야말로 눈에 뵈는 게 없는 상태. 농구에 미쳐버린 소년에게는 아버지가 어떻게 생각할지, 어머니가 어떻게 생각할지, 도무지 걱정이라곤 없었다. 머릿속이 온통 농구로 가득 차 있는데 다른 게 들어갈 자리가 있었겠는가. 그러던 어느 날의 일이다. 학교를 마치고 집에 돌아간 그는 늘 하던 대로 책가방을 던지자마자 어머니에게 밥을 졸랐다.

"어머니, 나 밥! 빨리 밥 줘!"

"쟤 배는 거적을 찼나? 집에 들어서기 무섭게 밥을 찾게."

"아이 참, 운동을 해서 배고파 죽겠단 말이에요!"

"원 애두! 운동은 누가 하라는 운동이라고 이 극성이니?"

소년 김영기는 부아가 났다.

"아이 참, 밥이나 빨리 달란 말이에요!"

퉁명스런 투정이 결국 화를 불렀다. 안방에서 청천벽력 같은 목소리가 터져 나오고 만 것이다.

"저 놈의 자식, 밥 주지 마!"

아버지다. 그날따라 일찍 귀가한 모양.

"인마, 운동은 누가 하라는 운동이기에 공부는 않고 그 짓만 해?"

잘못 걸렸다. 아버지는 안방 문을 열고 마루까지 나왔다.

"너 이리 좀 와!"

김영기는 배고픔을 싹 잊었다. 슬금슬금 눈치를 살피며 아버지 앞에 섰다.

"너, 요즘은 또 무슨 운동이냐?"

어느 안전이라고 말을 함부로 하겠는가. 입술은 잔뜩 튀어나와 모자 한두 개쯤 걸고도 남을 정도였지만 입조심을 했다.

"인마, 무슨 운동을 하느냐 말이야!"

"농구요."

"그래? 이제 스케이트는 집어치웠니?"

"겨울이 아니잖아요."

"그럼, 축구는 관뒀어? 마라톤도 관두고? 유도도 관두고?"

"……."

"인마, 운동을 하려면 똑똑히 한 가지만 해야지, 밤낮 이것저것

시계불알처럼 대롱대롱이냐? 앞으로 운동 같은 거 싹 집어치워!"

아버지의 태도는 강경했다. 김영기는 슬그머니 어머니의 눈치를 살폈다. 어머니도 표정이 굳었다. '너 오늘 혼 좀 단단히 나 봐라.' 하는 듯한 눈치였다. 배짱 좋은 김영기도 기가 질렸다.

"하지만, 농구만은 똑똑히 해보려는 건데요….'

"똑똑하고 뭐고 싹 집어치우란 말이야! 그 시간에 공부나 한 자 더해!"

김영기는 골이 났다.

"공부 안 할래요! 치이…, 나 운동할거란 말예요!"

그는 쏜살같이 마당을 가로질러 대문을 박차고 나갔다. 아버지의 노한 음성이 등 뒤에서 들려왔다. 어머니의 다급한 목소리도 쫓아 나왔다.

"영기야, 애 영기야, 영기야!"

김영기는 돌아보지도 않고 달렸다. 어머니의 목소리는 그가 골목어귀를 돌아 큰길에 나설 때까지 따라왔다. 호기롭게 나서긴 했는데, 갈 곳이 어디겠는가. 없었다. 친구 집에는 가기 싫고, 호주머니를 뒤져보니 잔돈이 손에 잡혔다. 그걸로 호떡을 몇 개 사서 될 수 있는 대로 오래 먹었다. 그래도 이른 시간이었다. 학교 앞길을 지나가 보았다. 짐작했던 대로 철문은 굳게 닫히고, 수위실 창 너머 신문을 읽는 수위의 모습이 보였다. 김영기는 두어 시간 발길이 닿는 대로 이리저리 걸었다. 솟구쳤던 부아가 가라앉고 보니 어머니가 차려주는 저녁 밥상과 방안에서 기다리는 포근한 잠자리가 자꾸만 눈앞에서 아른거렸다.

밤늦게 집에 돌아갔다. 집안은 고요했다. 불은 모두 꺼지고 아무 소리도 나지 않았다. 그는 발소리를 죽이며 2층에 있는 제 방으로 올라갔다. 전등불을 켠 그는 깜짝 놀랐다. 방바닥에 책이 흩어져 있었다. 그는 유니폼부터 찾았다. 없었다. 유니폼이 없어졌다. 그는 아래층으로 뛰어 내려갔다. 어머니를 가만히 불러냈다.

"어머니, 내 유니폼?"

"그까짓 건 찾아서 뭘 해!"

어머니의 표정도 굳어 있었다. 김영기는 뭔가 심상치 않음을 직감했다.

"글쎄 내 유니폼 어딨냐고요?"

"아버지가 치우셨어!"

불길한 생각이 뱀의 머리처럼 고개를 들었다. 김영기는 이내 울상이 되었다.

"아무데도 없단 말이에요. 어디다 감추셨어요?"

어머니는 한참동안 아들을 뚫어지게 바라보았다. 잠시 측은한 빛이 스쳤다. 그러나 이내 냉정한 표정으로 돌아갔다. 아무 말 없이 일어서서 방문을 열고 들어갔다. 김영기는 애가 탔다.

"그것 없으면 내일부터 운동 못한단 말이에요!"

어머니의 자비에 호소할 수밖에.

"어디다 감추셨어요, 네?"

"부엌 아궁이에나 가 봐!"

"네?"

김영기는 부엌으로 뛰어 내려갔다. 아궁이를 살폈다. 아무것도 없었다. 그래도 가만히 있을 수는 없었다. 당시 김영기의 집에는 시골에서 올라와 집안일을 거들던 아이가 함께 살았다. 그 아이가 사용하는 방문을 힘껏 두들겼다. 아이는 눈을 비비며 나왔다.

"유니폼이요? 아까요, 선생님께서 아궁이에 넣고 태워버렸어요."

김영기는 계단 밟는 소리를 요란스럽게 내며 뛰어올라갔다. 방에 들어가서는 방문을 잠그고 이것저것 집어던지며 분풀이를 했다. 한참을 그러고 나서는 옷도 벗지 않고 침대에 몸을 던졌다. 엎드린 채 숨을 몰아쉬었다. 너무 분해서 그런지 눈물도 나지 않았다. 아래층에서는 아무 기척도 없었다. 어른들의 결심도 굳었던 것 같다. 그렇게 한 시간이나 지났을까. 천천히 마음이 가라앉았다. 그러자 더 참기 어려운 고통이 밀려왔다. 피곤하고 배도 고팠다. 뱃가죽이 등에 달라붙은 지는 이미 오래. 그래도 이 고집쟁이 소년은 움직이지 않았다. 그런 채로 천천히 잠 속으로 미끄러져 들어가려는데 방문 밖에 인기척이 났다. 김영기는 벌떡 일어나 문을 노려보았다.

"영기야, 영기야."

어머니였다. 소리 죽여 부르고 있었다.

"영기야, 자니?"

"안자요!"

"오냐. 여기 먹을 것 갖다 놓았다."

"……."

"어서 일어나 먹어. 내려가 몸도 씻고……."

"……."

"이것 먹고 자야 한다. 굶어 자면 안 돼."

"……."

김영기는 그래도 움직이지 않았다. 어머니는 아들의 눈치를 살피는지 소리 없이 복도에 서 있었다. 한참 뒤에야 계단을 천천히 내려가는 소리가 들렸다. 김영기는 풀썩 쓰러지듯 침대에 엎드렸다. 이상하게도 주체할 수 없게 눈물이 터져 나왔다. 하염없이 울었. 이 일이 있은 뒤로 김영기는 유니폼을 가지고 다니지 않았다. 유니폼을 팀 메이트인 김준규의 집에 맡겼다. 아침마다 꽤 먼 김준규의 집까지 가서 유니폼을 찾아 가지고 학교에 가곤 했다. 그러나 농구 소년 김영기의 시련이 끝나려면 아직 멀었다. 또 다른 위기가 기다리고 있었기 때문이다.

담임선생 면담

    이번에는 김영기도 진심이었다. 운동부 순회대사는 옛 이야기. 농구부를 그만둘 생각은 꿈에도 없었다. 뼈를 묻을 각오로 열심히 운동했다. 부모의 반대는 여전했다. 농구부 유니폼을 가지고 다니지 않아도 김영기에게서는 농구 냄새라도 나는 모양이었다. 부모는 태도가 누그러지기는커녕 점점 더 걱정스럽게 아들을 지켜보았다. 하지만 부모가 반대하면 할수록 김영기는 농구에 대한 애착이 깊어갔다.

    몹시도 더운 어느 여름날. 가만히 서 있어도 온몸에서 땀이 줄줄 흘렀다. 김영기는 러닝슛 훈련을 하고 있었다. 농구부원이 전부 참여하는 훈련이었다. 함께 훈련하던 부원 하나가 김영기에게 눈짓을 했다. 그가 눈짓하는 곳으로 시선을 옮겼다. 어머니가 보였다. 하얀 모시 치마저고리를 차려 입은 어머니가 막 본관에 들어가려 하고 있었다. 어머니는 김영기가 운동하고 있는 쪽으로 눈길 한 번 주지 않고 건물 속으로 모습을 감추었다. 김영기는 마음을 다잡고 훈련을 다시 시작했다. 러닝슛 다음은 러닝 패스, 그 다음은 드리블 훈련이었다.

"김영기!"

농구부장이 갑자기 소리쳤다.

"뭐 하는 거야! 정신은 어디다 갖다 버렸어!"

다시 러닝 패스, 그리고 또 드리블. 아무렇지도 않다는 듯한 표정으로 훈련에 집중하려 했지만 쉽지 않았다. 김영기는 자기도 모르게 본관 쪽을 흘끗거리며 어머니의 자취를 찾았다. 그러나 어머니는 끝내 모습을 다시 보여주지 않았다. 그렇게 한참을 훈련하고 있는데 아까 그 부원이 다시 눈짓을 했다. 얼른 돌아본 그곳에는 어머니 대신 담임선생이 서 있었다. 선생은 축대 위에 혼자 서서 훈련하는 김영기를 내려다보고 있었다. 언제부터였을까. 김영기는 가슴이 일렁임을 느꼈다. 그렇지만 이번에도 태연한 척 훈련을 계속했다.

"십 분간 휴식!"

반갑지 않은 휴식 시간. 김영기는 담임선생과 시선을 마주치지 않으려 노력하면서 동료 부원들과 함께 수돗가로 걸어갔다. 물론 그런다고 해서 지나쳐갈 일은 아니었다.

"김영기. 훈련 끝나는 대로 교무실로 와!"

김영기는 그제야 걸음을 멈추고 고개를 들었다. 그러나 담임선생은 김영기의 대답을 기다리지 않고 등을 보인 채 본관으로 향했다. 훈련은 한 시간쯤 뒤에 끝났다. 김영기는 수돗가에서 땀을 대충 씻은 다음 교무실로 갔다. 무슨 서류인지 들여다보던 담임선생은 김영기를 앉게 한 다음 담배를 꺼내 물었다. 선생은 김영기를 쳐다보지도 않고, 한참 동안 아무 말 없이 담배 연기를 뿜어냈다. 김영기가 답답하다 싶을 때쯤에야 입을 열었다.

"농구부에는 언제 들어갔지?"

"다섯 달 전입니다."

"그 전에는 무슨 운동을 했어?"

"스케이트를 했습니다."

"그 전에는?"

"역도했어요."

"다 말해봐."

"……."

선생이 처음으로 김영기의 얼굴을 쳐다보았다.

"유도도 하고, 육상도 하고, 탁구도 하고, 축구부에도 좀 있었고…."

"이놈아! 넌 그게 탈이야!"

"……."

"그게 운동하는 거냐? 이틀이 멀다하고 옮겨 다니니, 인마 그래서 뭐가 돼?"

"……."

"그 식으로 나가면 농구도 며칠 하다 또 집어치울 거지? 그러다
간 어느 부로 가도 후보도 못 되고 밤낮 남의 공이나 주워 주는 게
고작이겠다! 그렇다고 네 성적은 또 그게 뭐냐. 나아지지는 못할망
정 학기마다 떨어지고 있지 않아!"

"……."

"도대체 넌 어느 쪽이냐? 운동이야, 공부야?"

"……."

"이것도 저것도 아니잖아! 아까 어머니께서 다녀가셨다. 부모님
이나 나나 걱정하는 것이 바로 이 점이란 말이야. 한 가지라도, 아무
리 어려워도 끝까지 해내지 못하는 네 성격이란 말이야."

"선생님!"

"소용없어. 난 약속했다. 어머니께 약속을 드렸어. 널 무슨 운동
이든 못하게 하겠다고! 내일부터 방과 후 훈련은 금지다. 곧장 집으
로 가야 해. 농구부에서는 물론 나오고. 아까 체육주임하고도 이야
기했어!"

"선생님!"

"돌아가!"

"선생님! 선생님 말씀은 옳습니다. 돌아가겠습니다. … 그렇지만
… 돌아가기 전에 한 마디만 하겠습니다."

"……."

"그 전에 이 운동 저 운동 한 것은 모두 마음에 들지 않아 그랬습니다. 음식도 일일이 먹어 봐야 맛을 알지 않습니까. 게다가 전 체격이 나쁘다고 딱지를 맞은 운동부도 많습니다."

"……."

"선생님, 저 이번만은 다릅니다. 농구만은 끝까지 하겠습니다. 무슨 고생을 해서라도 선수까지 … 꼭 되겠습니다. 이번까지만 두고 봐 주십시오, 선생님."

"인마, 말로만 하면 무얼 해!"

"아닙니다, 저 꼭 그렇게 하겠습니다. 허락해 주십시오!"

"그래, 그렇다고 치자. 그러면, 넌 선수 되려고 학교에 다니냐? 공부는 언제 할래?"

"집에 가서 다른 아이들보다 더 하겠습니다. 훈련한 시간만큼 잠을 자지 않고라도 더 하겠습니다."

"……."

담임선생은 할 수 없는 놈이라는 듯 한숨을 푹 내쉬며 이마와 목덜미에 흥건한 땀을 닦았다. 그리곤 다시 담배를 피워 무는데, 김영기가 흘끗 보니 아까에 비하면 표정이 많이 누그러진 듯했다.

"그래, 그걸 무엇으로 증명할래?"

"……."

"이번 학기 성적을 훨씬 올릴 수 있어?"

"예!"

"녀석 대답은 잘한다. 김영기…, 뭐든지 지나치면 못써. 정도가 있는 거야. 부모님께서 너 때문에 밤잠도 제대로 못 주무신다지 않아. 장래 생각도 해야지…. 내 이번 학기까지만 묵인하겠다. 부모님에겐 비밀로 하고 말이야. 넌 머리 나쁜 놈이 아니야. 하면 아주 잘하는 놈이야. 잘할 수 있지?"

담임선생은 얼굴에 흐르는 땀을 닦으며 담배를 재떨이에 비벼 껐다. 포기를 모르는 농구소년, 김영기가 또 한 번 위기를 넘기는 순간이었다.

첫 경기

　어머니가 학교에 다녀간 뒤, 그러니까 담임선생에게 학업에 충실할 것을 전제로 농구부에 남기를 허락받은 다음 김영기는 더 어려운 입장이 되었다. 담임선생은 김영기와 '공범'이 되어 제자가 농구부원으로 남도록 눈감아주었지만 부모에게는 농구를 그만둔 것처럼 보여야 했기 때문이다. 김영기는 농구를 안 하는 것처럼 보이기 위해 학교가 파하면 가능한 일찍 집에 돌아갔다. 그리곤 얼른 몸을 씻고 제 방에 들어가서는 두문불출한 것이다. 부모와 마주쳐도 별 말을 하지 않았다. 소년의 심사로야 신경전쯤 되었겠지만 부모인들 눈치를 채지 못했겠는가.

　김영기가 농구부에 들어가 훈련을 시작한 지 한 달이나 되었을까. 서울시 고등학교 대회가 서울 환도 이후 처음으로 열린다는 소식이 들려왔다. 배재고등학교 농구부는 이 대회 참가를 목표로 맹

훈련에 들어갔다. 이들에게는 한국전쟁이 터지기 전까지 전국 최강이었다는 자부심이 흔적기관처럼 남아 있었다. 그러나 현실은 코치도 없는 팀이었다. 그래서 김영기는 이때의 훈련을 맹훈련(猛訓練)이 아니라 맹훈련(盲訓練)이라고 표현했다. 앞을 못 보는 사람처럼, 뚜렷한 방향성이나 계획 없이 무작정 열심히 땀만 흘렸기 때문이다.

아무래도 불안했기에, 배재고등학교 농구부원들은 한 가지 궁여지책을 끌어냈다. 며칠만이라도 코치를 어디서 빌려오자는 데 뜻을 함께 한 것이다. 그런데 어디서? 문제는 곧 해결되었다. 뜻이 있는 데 길이 있다고, 농구부원인 유철규의 형이 한때 세무서 팀의 선수로 활약했다는 사실을 알게 되었다. 소년들은 이 사람을 코치로 초빙했다. 유 코치는 선선히 지도를 맡아 주었지만 농구부원들에게는 새로운 괴로움의 시작이기도 했다. 그는 배재고 농구부 학생들이 첫 훈련을 시작하기가 무섭게 다그치기 시작했다. 첫마디부터 호통이었다.

"이게 누구한테 배운 농구야! 도대체 기초부터 돼먹지 않았어!"

대회 나흘을 앞두고 코치를 모셔다 시작한 훈련이었다. 학생들은 경기 계획을 짜기는커녕 기초 자세부터 뜯어고치게 되었다. 어처구니없지만 받아들여야 했다. 농구부원들은 조금도 불평하지 않고 발놀림에서부터 드리블, 슛 자세에 이르기까지 폭넓게 유 코치의 지도를 받았다. 잘 가르치고 못 가르치고를 따질 계제(階梯)가 아니었다. 농구부원들은 코치로부터 지도를 받는다는 사실만으로도 기뻤다. 김영기는 이때 처음으로 농구의 '작전'을 배웠다. 그는 훗날 이때 배운 작전이라는 것이 대인방어(對人防禦)에 대비한 스크린 블록(수비자가 공격하는 팀 선수의 가로막기에 걸리도록 하는 움직임)이었을 것이라고 기억했다. 당시엔 무슨 말인지 충분히 이해하지도 못했다. 배운 작전을 경기에서 사용할 수 있을지 없을지도 알 수 없었다. 모르는 가운데 어찌됐든 열심히 귀담아듣고 익혔다.

경기가 하루 앞으로 다가왔다. 김영기는 훈련을 마치고 집에 들어가면서 우쭐한 기분으로 어머니에게 말했다.

"어머니, 내일 우리 경기를 해요!"

"무어라고?"

어머니는 놀랐는지 한참을 서서 아들을 바라봤다. 김영기는 달아나듯 2층에 있는 제 방으로 달음질쳤다. 자꾸 웃음이 났다. 후련하기도 했다. 그는 숨을 죽이고 반응을 기다렸다. '어머니가 대성통곡할지도 모른다.' '틀림없이 아버지의 불벼락이 떨어질 거다!' 그런데 깜짝 놀랄 일이 벌어졌다.

"우핫핫핫…."

김영기는 귀를 의심했다.

"우핫핫핫…."

아버지다! 아버지의 웃음소리다! 그런데 이내 잠잠해졌다. 어라? 이상하다. 이럴 리가 없는데. 김영기는 한참을 기다렸다. 그러나 그 뒤 아무 일도 일어나지 않았다. 김영기는 불안해지기 시작했다. 그는 저녁밥을 혼자 먹었다. 늦은 시간이었으므로 식구들은 모두 저녁을 먹은 뒤였다. 김영기가 밥을 다 먹은 뒤에도 아무 일 없었다. 그는 맥이 풀렸다. 무언가 회오리바람 아니면 평지풍파가 일 것이라고 짐작했는데 예상 외로 조용한 것이다. 멋쩍어졌다.

김영기는 방문을 잠갔다. 내일 경기를 곰곰이 생각하자니 벌써 흥분이 됐다. 난생 처음 선수로 대회에 나가는 것이다! 두 볼이 달아올랐다. 김영기는 지난번 아궁이 소동이 벌어진 뒤로 처음 집에 가져온 유니폼을 꺼내 입었다. 발에는 딱딱한 미군 작업화까지 꺼내 신었다. 날씬한 '김영기 선수'가 거울 앞에 나타났다. 코치에게 배운 대로 드리블 자세를 해보았다. 멋지다! 이번엔 패스 자세. 이것도 굿! 자유투 자세를 잡아 보았다. 성공! 나머지 하나 더. 클린 숫! 이번에는 드라이브인 숫. 원더풀! 그리고는 점프숫. 이건 더 멋지군. 수비 자세로 들어가서 푸트워크. 세상에 이런 스텝이 또 있을까! 눈 앞에 상상의 공격수가 나타났다. 마크, 또 마크…!

"야, 영기야! 뭘 하기에 밤새도록 쿵쾅쿵쾅이냐? 엉? 그만 자지 못해?"

한참동안 몽상에 빠졌던 김영기는 그제야 정신이 돌아왔다. 문을 열고 나가 아래층을 내려다보니 캄캄했다. 시계를 보았다. 잘 시간이 지난 지 오래. 소풍가기 전날 저녁 아이처럼 내일 날씨가 좋기를 빌면서, 내일 파인 플레이를 꿈꾸면서 잠자리에 들어야 했다. 유니폼을 벗어 잘 개 두어야 한다는 생각과 벗기 싫다는 마음이 내면

에서 쿵쾅쿵쾅 소리를 내며 다투었다. 김영기는 유니폼을 입은 채
깊이깊이 잠들었다.

경기가 열리는 날, 날씨는 좋았다. 경기장에는 관중이 꽉 들어차
있었다. 양교(兩校) 학생들의 응원도 대단했다. 상대는 경동고등학
교. 배재고 선수들은 관중의 박수를 받으며 경기장에 들어섰다. 김
영기는 관중이 모두 자기만 바라보는 것 같아 몸이 오그라드는 기
분이 들었다. 팔다리에 짜르르 전기가 흐르는 기분. 동작이 마음먹
은 대로 되지 않았다. 다리가 자꾸 후들거렸다. 양 팀 선수들은 가볍
게 몸을 풀었다. 인사도 마쳤다. 응원단 앞에 한 줄로 서서 힘찬 응
원가도 들었다. 그래도 김영기는 다리가 후들거렸다. 아랑곳하지 않
고 경기는 시작되었다.[01]

이상했다. 발이 움직여지지 않았다. 기껏 뛰어 보아도 다른 선수
의 꽁무니만 쫓는 격이었다. 몸이 붕 뜬 기분. 그런데 이건 또 뭔가.
유니폼 바지 안에 받쳐 입은 속옷이 허옇게 흘러내리지 않는가. 이
게 무슨 창피람. 김영기는 자꾸만 흘러내리는 속옷을 유니폼 안으
로 말아 넣는 데 정신을 빼앗겼다. 어쩌다 공을 잡으면 동료가 보이

---

01 김영기는 『갈채와의 밀어』에 배재고등학교 2학년이던 1953년 봄철리그에서 처
음으로 공식경기에 출전했다고 서술하였다. 날짜를 명기하지는 않았으나 상대팀
을 경동고로 기억하였고 배재고가 승리했음을 알 수 있으므로 1953년 5월 3일
보인상고에서 열려 배재고가 23-20으로 승리한 경기를 특정할 수 있다. 이 기사
는 경향신문 1953년 5월 5일자 2면, '농구연전 제2일'이라는 제목으로 게재되었
다.

지 않았다. 코트를 누비는 선수 가운데 자신을 뺀 아홉 명 모두 경동고등학교 선수 같았다. 빨리 패스를 하고 싶은데 공을 받아줄 배재고 선수는 모두 어디로 갔단 말인가. 일단 드리블을 했다. 지난밤 거울 앞에서 만난 김영기 선수는 간 데 없고, 공의 바운드도 일정하지 않았다. 높게 튀었다 낮게 튀었다…. 손이 공을 따라 다녀야 할 판이었다. 발놀림도 어제 상상한 것과는 거리가 멀었다. 닭싸움하는 외발처럼 제멋대로 땅을 짚고 다녔다.

이렇게 정신을 차리지 못하고 있는 김영기에게 패스가 날아왔다. 기회였다! 단독 드리블로 바스켓을 향해 치고 들어갔다. 급한 나머지 드리블은 엉망이었다. 공을 놓치려다가 살리고, 다시 놓치려다가 살리고 하면서 드리블 시늉은 했다. 엄격하게 판정하자면 워킹 바이얼레이션이었을지 모른다. 다행히 따라붙는 수비수는 없었다. 노 마크 찬스. 김영기는 내처 달렸다. 누군가 고함을 치는 듯했다. 아랑곳하지 않고 골을 향해 날아올랐다. 러닝슛! 그러나 공은 백보드를 넘어갔다. 와아~하는 함성과 폭소가 터졌다. 김영기는 득점 기회를 놓쳤다고 분해하며 수비에 들어갔다. 경기가 계속되었는데 관중의 웃음은 그칠 줄 몰랐다.

누군가 그에게 귀띔했다. 그러나 무슨 소리인지 귀에 들어오지 않았다. 그저 '응, 응'하고 건성으로 대답했다. 김영기는 또 열심히 뛰고 달렸다. 심판도 김영기에게 몇 번이나 소리를 질렀다. "너는 휘슬 소리도 들리지 않느냐."며. 그는 또 건성으로 대답했다. '네,

네.'이러는 중에 타임아웃이 되었다. 벤치로 나갔다. 김영기는 거기서 한꺼번에 화살을 맞았다. 그러나 그는 동료의 핀잔이 이해되지 않았다. 세상에 그럴 리가 없다. 누구를 놀리는 거냐. 동료의 질책이 이어지자 김영기는 마침내 화를 버럭 냈다. 사람을 바보로 만들어도 유분수지!

경기는 끝났다. 김영기도 집으로 돌아갔다. 여전히 구름 위를 걷는 기분이었다. 귓가에 관중의 함성이 쟁쟁거렸다. 저녁상이 나왔다. 모처럼 아버지와 함께 맞는 저녁상이었다. 김영기는 한참을 정신없이 퍼 넣었다.

"영기야."

"예?"

그는 숟가락을 든 채 아버지를 바라보았다. 아버지의 얼굴에 웃음기가 보였다.

"너 잘했다면서?"

옆에서 어머니가 먼저 말했다.

"예?"

"음, 너 잘하더구나."

"?…… 아버지! …… 오늘 나오셨어요? 저 하는 것 구경하셨어요?"

김영기는 어쩔 줄을 몰랐다. 그렇게도 반대만 하시던 아버지가…. 그러나 기쁨은 다음 순간 거품처럼 꺼져버렸다.

"그런데, 이놈아 아무리 급해도 그게 뭐냐. 너희 편 골에다 갖다 넣어?"

김영기는 가슴이 철렁했다. 그러면… 정말이었던가. 동료 선수들의 말이 정말이었나. 아찔했다. 그러나 동료들의 질책이, 아버지의 꾸중이 사실임은 이튿날 조회 때 확인되었다. 권위 있는 교장 선생의 훈시가 사실을 입증했다.

"…… 호랑이에게 물려가도 정신만 차리면 산다는 선인(先人)의 말씀이 있습니다. 그런데, 어제 체육 중흥의 기치(旗幟)를 높이 들고 농구대회에 출전한 우리학교 선수들 중에, 자기 편 골에 공을 갖다 넣으려고 하는 선수가 있었습니다. 이런 정신 상태로 우리가 어떻게 체육 배재의 전통을 이어 나가겠습니까? 다행히 어제 우리학교와 대전한 경동 팀이 약했고, 그 공이 골이 되지 않았기에 망정이지, 자칫했으면 여러분은 여러분의 선배가 닦아 놓은 체육 전통에 오점을 찍을 뻔 했습니다…."

궤도 진입

　김영기가 선수로서 처음 경기에 나간 다음, 사정은 나아졌다. 운동에 미쳐서 공부를 등한시할까 노심초사하던 그의 부모는 경계를 조금 풀었다. 김영기의 표현대로라면 '코트 안에서 쉬든 공을 깔고 앉았든 상관하지 않게' 된 것이다. 유니폼을 가지고 집에 들어가도 아궁이에 던져질 위험은 사라졌다. 어머니는 운동하는 아들을 위해 정성을 기울였다. 무엇보다도 아들의 건강을 염려했다. 그래도 김영기는 조심스럽게 행동했다. 언제 다시 경고등에 불이 들어오고 불호령이 내릴지 모르니까.

　훗날 김영기는 이 시기를 돌아보며 생각했다. 어찌 됐든 그의 부모는 운동부 순회대사 노릇을 그만두고 학교를 대표하는 운동선수로 자리 잡은 아들을 긍정적으로 보았던 것 같다. 우리 팀 골을 향해 슛하는 실수를 하거나 말거나 무슨 일이든 한 가지 일을 끝까지 해

내지 못하는 성격을 조금씩 고쳐나가는 아들을 믿게 된 것이다. 그러니 부모는, 특히 아버지는 아들의 운동열(運動熱)을 당분간 지켜보자고 결심했던 모양이다.

이렇게 해서 코트 밖의 어려움은 대부분 해소됐다. 어른이든 친구든 선후배든 농구를 하겠다는 김영기의 생각에 반대하는 사람은 한 사람도 없었다. 그러나 코트 안에서는 거대한 난관을 만났다. 이희주 코치가 서울로 돌아온 것이다. 이희주는 평안남도 평양 출신으로 1942년 연희대학교 상과를 졸업했다. 배재고등학교 농구부 코치로 일하며 지도력을 발휘했다. 농구에 대한 남다른 식견과 비전을 바탕으로 동아일보와 경향신문 등 주요 언론에 칼럼을 기고해 우리 농구계에 영감을 불어넣은 인물 가운데 한 사람이다. KBS와 MBC에서 농구 중계방송 해설을 맡기도 했다. 한국농구협회 이사, 대한체육회 고문을 역임했고, 1980년 미국으로 이주한 뒤에는 LA 농구협회 고문을 맡는 등 활발히 활동하다 2006년 6월 25일 세상을 떠났다. 필자의 기억에는 일찍이 슈퍼스타 허재의 재능을 알아본 안목의 소유자로 남아 있다. 이미 고인이 된 스포츠서울의 기자 이병진이 쓴 칼럼이 있다.

1981년 4월 11일. 그날 아침 기자는 환갑을 훨씬 넘긴 나이(당시 65세. 현 LA한인농구협회 고문)로 왕성하게 활동하시던 전 국가대표 농구감독 이희주 씨로부터 전화를 받았다.

"오늘 나하고 꼭 갈 데가 있어."

장충체육관에선 춘계중고농구연맹전 남고부 경복-용산 결승전이 벌어지고 있었다.

"바로 저 녀석이야. 두고 보라구, 이충희보다 더 잘할 걸."

이미 신동파와 견줄만한 아시아 최고의 슈터로 전성기를 구가하고 있는 이충희보다 더 크게 성장하리란 이 선생의 장담에 약간은 불쾌감마저 느끼며 며칠 전까지 중학생이던 용산고 까까머리 신입생 허재를 눈여겨봤다.

김윤호-유재학이 버틴 경복고의 마지막 전성기. 비록 경복이 우승했지만 두 고교스타는 허재의 현란한 개인기 앞에 쩔쩔 맸다. 기자는 그때 허재에게 '농구천재'란 별명을 달아 주리라 마음먹었다. 경기가 끝난 뒤 소년에게 물었다.

―커서 어떤 선수가 되고 싶니?

"신선우 같은 선수요."

코치가 돌아왔다는 소식에 농구부원들은 대개 기뻐했지만 김영기는 착잡한 기분이 들었다. 이런 기분을 느낀 농구부원은 김영기뿐이 아니었다. 환도 이후 배재고등학교 농구부의 인원은 스무 명으로 불었다. 엄격한 심사나 절차 없이 부원들을 받아들인 탓도 없지 않았을 것이다. 나중에 들어온 농구부원들 사이에는 돌아온 코치가 팀을, 그러니까 인원을 정리한다는 이야기가 돌았다. 간신히 농구부에 들어가 몇 달 훈련한 실력으로 경기에까지 참가한 김영기도 불안했다.

이희주가 김영기를 불렀다.

"야! 꼬마, 넌?"

"김영깁니다!"

"네가 바로 방향감각도 없는 그 놈이구나!"

이희주도 당연히 김영기의 첫 경기에서 벌어진 촌극을 알고 있었다. 김영기는 코치의 이야기를 듣고도 배짱 좋게 싱긋 웃었다.

"인마, 웃긴⋯."

이희주도 웃었다. 코치의 웃는 얼굴을 보고 김영기는 적이 안심을 했다. 다른 운동부에서 당한 것처럼 키가 작다는 이유로 쫓겨날 것 같지는 않았다.

이희주가 돌아온 뒤 농구부를 떠나는 학생이 적지 않았다. 이희주는 조직적인 훈련과 선수 보강을 목표로 삼았고, 목표를 달성하기 위해 농구부원을 새로 뽑기도 했다. 그가 지도하는 훈련은 엄격하고 고됐다. 그전까지 학생들끼리 주먹구구로 하던 훈련은 정해진 시간에 이루어졌다. 부원들의 몸에 익은 농구 기술들도 철저한 수정을 거쳐 가다듬는 과정을 밟았다. 김영기는 이즈음부터 자신의 농구선수 생활이 제 길로 접어들었다고 생각하고 있다. 그는 이희주의 지도를 따라 동료들에게 뒤떨어지지 않기 위해 무던히 애썼다.

　한 가지 불안이 김영기의 머리에서 떠나지 않았다. 그는 언제 쫓겨날지 모른다는 생각에 하루도 마음이 편치 않았다. 그가 농구부에 들어간 시기는 이희주가 돌아오기 전이었다. 더구나 첫 경기에 나가서는 '역주행'을 해서 망신까지 당했으니 나중이 편할 것 같지 않았다. 게다가 김영기는 다른 부원에 비해 체격이 작았다. 김영기의 키는 나중에 1m78cm까지 자랐지만 이때만 해도 가장 작은 축에 들었다. 체격도 가늘었고 저항력도 지구력도 다른 부원들에 비하면 약했다. 말하자면 농구선수로 성공하기에는 부적합한 신체조건을 타고난 것이다. 그래도 김영기는 물러날 생각이 없었다. 다른 면에서 몇 갑절 노력하면 자신의 약점을 메울 수 있다고 믿었다.

새벽 남산길 달리기

배재고등학교 농구부의 훈련은 방과 후에 시작됐다. 농구부원들은 하학종이 울릴 때 코트에 모였다. 농구부는 일반학생은 물론이고 다른 운동부원들이 모두 떠난 뒤에도 한 시간쯤 훈련을 더 했다. 이희주의 지도는 그렇게 강하고 엄했다. 김영기는 한 술 더 떴다. 농구부원들이 몸을 씻을 때 얼굴만 대충 씻는 시늉을 하다가 다른 볼일이라도 있는 것처럼 그 자리를 떠나 농구 코트로 돌아갔다. 그리고는 혼자서 그날 배운 내용을 다시 해보았다. 김영기의 복습은 해가 져서 공과 골대가 보이지 않을 때까지 계속됐다. 이 일이 매일 반복됐다. 아주 오랜 시간 동안.

김영기는 아무도 모르게 훈련하고 싶었다. 그런데 어느 날 이희주가 김영기를 불러 뜻밖의 충고를 했다. 이희주는 "그렇게 해서는 오래 못할 것이다. 소질은 보이는데 별로 느는 것 같지 않으니 생각을 더 차근차근 하면서 훈련하라.”고 타일렀다. 김영기는 다른 농구 부원은 물론 이희주조차 모르게 훈련하고 싶었다. 충고를 듣고서야 코치가 지켜보고 있음을 알았다. 별로 반가운 이야기는 아니었다. 그래도 “소질은 있어 보인다.”는 그 한 마디가 가슴 속에 힘찬 기운을 담아주는 것 같았다. 김영기는 기운을 얻었다. 주전 선수가 될 가능성도 있다는 자신감도 생겼다. 이 무렵 배재고 농구부에는 김영기보다 고학년이 없었다.

농구에 완전히 몰입한 김영기는 집에 머무르는 시간조차 아까웠다. 학교에는 코트가 있었지만 집 근처에는 훈련할 곳이 없었다. 김영기는 궁리 끝에 옆집 뒷벽에 농구공만한 원을 백묵으로 그렸다. 여기에 공을 던지며 패스 연습을 했다. 달리면서 이 원을 향해 마치 동료에게 패스하는 기분으로 힘껏 공을 던졌다. 벽에 맞고 튀어나오는 공을 땅에 떨어뜨리지 않고 받기 위해 노력했다. 실수를 하지 않으려고 수없이 몸을 던졌다. 그러다 보니 김영기의 두 무릎은 엉망이 됐다. 시커멓게 멍이 들고, 긁히고 짓찧은 곳에서는 피가 흘렀다. 두 다리는 먼지투성이가 됐다.

스스로를 채찍질하며 하루하루를 보내는 김영기의 두 손과 열 손가락도 무사하지 못했다. 손가락이라는 손가락은 모두 삐어서 퉁퉁 부었다. 손인지 발인지 알아볼 수 없을 정도가 되었다. 그런데도 그의 손가락들은 몇 시간, 며칠이 아니라 늘 성치 못한 채로 날아드는 공을 붙잡았다. 그 손으로는 책가방도 도시락도 들 수 없을 지경이었다. 쑤시고 아팠다. 그러면 한의원에 가서 침을 맞았다. 환갑은 되어 보이는 한의사가 진료를 보았다. 낯빛이 소년처럼 붉고 윤기가 흐르는 뚱뚱한 사람이었다. 김영기가 보기에 백 살은 거뜬히 살 것 같았다. 이 사람에게 손을 맡기고 삔 손가락 마디마다 침을 맞았다. 신통했다. 침을 맞으면 곧 신통하게도 통증이 사라지고 부기가 빠졌다. 김영기가 하도 자주 병원 문턱을 넘나드니까 하루는 한의사가 물었다.

"그런데 넌 무슨 싸움을 매일 그렇게 하니?"

김영기는 웃었다. 그가 "농구선숩니다."라고 하자 한의사는 조금 놀란 눈치였다.

"농구? 그럼 앞으로 며칠이나 더 할 거야?"

몇 년이 됐든 주욱 할 생각이라고 대답하자 반갑지 않은 표정을 지었다.

"그러면 매일 나한테 온단 말인가? 이거 큰일인데…"

엄연한 손님이요 환자인데도 한의사는 땀내를 풍기는 이 애송이가 별로 마음에 들지 않은 눈치였다.

김영기는 매일 남산가도를 달렸다. 이른 새벽에 눈을 뜨면 사위가 어두웠다. 졸음이 잔뜩 묻은 손가락 끝으로 방안을 더듬으면 땀 냄새 시큼한 트레이닝이 잡혔다. 습관처럼 방문을 열고나가 아래층으로 계단을 타고 내려갔다. 도둑이 남의 집 문을 열 듯 은밀하고 조용하게 새벽 거리에 나섰다. 한여름에도 새벽바람은 싸늘했다. 이때쯤 김영기는 잠에서 완전히 깼다. 그러면 천천히 달리기 시작했다. 농구소년의 워밍업이 시작되는 것이다. 코스는 남산가도를 달려 남대문으로 빠져서 서소문의 법원(지금은 서울시립미술관) 뒷길로 들어서서 배재학교로 가는 길이었다.

새벽 달리기를 하는 길에 김영기가 마주치는 사람들은 날품팔이 지게꾼, 새벽에 떠나는 노동자, 허리가 휜 두부장수처럼 고단한 하루를 시작하는 가난하지만 성실한 시민들이었다. 김영기는 오전 5시30분쯤 학교에 닿았다. 학교의 철문은 굳게 닫혀 있었다. 그는 문을 두드렸다. 한참을 두드리면 수위가 일어나 경비실에서 나왔다. 수위는 김영기에게 누구냐고 묻지도 않았다. 수위는 두 사람이었는데 둘 다 노인이었다. 김영기는 『갈채와의 밀어』에서 늙은 수위들이 자기 때문에 골병이 들었을 거라고 미안한 감정을 표현했다. 이른 새벽에 비가 오나 눈이 오나, 추우나 더우나 문을 열어 주어야 하니 표정이 좋을 리 없을 거라고도 했다. 처음에는 낯빛을 고치고, 고치고 했지만 나중에는 타이르기도 하고 불쌍하다는 듯 쳐다보기도 했다. 그러다가 마침내는 체념했는지 아무 말도 하지 않게 되었다.

김영기는 아무도 없는 새벽 코트에서 혼자 훈련했다. 물론 공은 없었다. 빈손으로 슛 폼을 가다듬고 드리블 자세를 잡아 보고 푸트워크를 연습했다. 이렇게 혼자 30분 정도 훈련하고 나면 배가 고파졌다. 그러면 그는 따뜻한 아침 밥상을 그리며 집을 향해 달렸다. 이것이 하루 일과의 시작이었다. 그러나 오후 방과 후에 하는 훈련은 하기 싫었다. 처음 한 달 동안은 물인지 불인지 모르고 죽기 살기로 대들었다. 시간이 지나자 이건 훈련이 아니라 육체노동처럼 느껴졌다. 그러면서 가슴 속 저 깊은 데서 회의(懷疑)가 뱀의 대가리처럼 고개를 쳐들었다.

콤플렉스와 계란

청소년기의 김영기는 줄곧 체격이 작다는 콤플렉스에 시달렸다. 『갈채와의 밀어』에는 김영기가 작은 체격(요즘 미디어에서 '사이즈'나 '피지컬' 등으로 표기하는)과 약한 체질과 체력 때문에 고민했다는 대목이 여러 번 나온다. 그는 몸이 작아 불리하다고, 성공하지 못할 수도 있다고 걱정한 것 같다.

'피와 모래'라는 장(章)을 열면 61쪽에 "나는 일반선수에 비해서 약체를 면하지 못하고 있다. 이것이 고민거리였다."는 김영기의 고백이 나온다. 훗날 대한민국 농구의 전설이 될 소년의 자존감은 이토록 약했다. 자신의 자리를 배재고등학교 농구부라는 집단의 아래쪽에 두고 있음을 알 수 있다. 그는 아직도 '일반선수'가 아니라고 생각한 모양이다.

"연습에는 별다른 진전을 찾을 수 없었다. 초조와 아울러 회의

가 물밀 듯이 일어났다. 이 약골로 운동을 해서 대성(大成)할 수 있을까? 내 키는 왜 이렇게 작을까? 이 작은 키로 농구로 성공할 수 있을까?"

고민은 열여덟 살 소년의 가슴 속에서 부글부글 끓었다. 하지만 이 고민은 보기에 따라 소년 김영기를 큰 선수로 키우는 자양이 되었다고 할 수도 있다. 한 시대를 수놓은 김영기의 기술 농구는 단신(短身)의 불리함을 극복하려는 노력에서 출발했기 때문이다. 그렇다고는 해도 그건 한참 뒤의 이야기다. 이 무렵 김영기의 고민은 간단한 과제가 아니었다. '운동부 순회대사' 노릇을 하던 때를 생각해서 쉽사리 입 밖에 내놓지 못했을 뿐이다.

김영기의 훈련량은 엄청났다. 근심을 간직한 채 거듭되는 훈련은 도를 지나친 면이 있었다. 소년이 감당하기 어려울 정도로 몸을 혹사했으므로 아침에 쉽사리 눈을 뜨기 어려웠음은 물론이다. 축 늘어진 몸으로 이부자리를 걷어차고 일어나기란 여간 어려운 일이 아니었다. 방바닥에서 몸을 떼어내는 데만도 초인적인 노력이 필요했다. 언제부터인가 어머니가 계단을 걸어 올라와 아들을 깨우는 일이 잦아졌다.

"영기야, 영기야!"

김영기는 아직도 잠결이다.

"얘, 아직 자니? 오늘은 늦었어!"

김영기는 속으로 불평했다. '젠장, 학교에 가려면 아직 세 시간도 더 남았는데 늦기는….' 어머니는 문밖에 선 채 아들을 재촉했다.

"얘, 영기야! 오늘은 훈련에 늦겠단 말이야! 얘, 영기야!"

농구에 미친 소년 아닌가. '훈련'에 늦겠다고 하는데 모르는 척 하고 누워 있을 수는 없다.

"예, 알았어요."

어머니가 계단을 내려가는 소리가 먼 잠길에서 들렸다. 김영기는 잠깐 고민했다. 그냥 자 버릴까. 그러나 농구가 좋아서 하겠다고 발버둥 치던 때를 생각하면 결국 몸을 벌떡 일으키지 않을 수 없었다. 김영기가 옷을 입고 농구화를 신을 때, 어머니는 부엌문을 열고 나와 아들에게 날계란을 내밀었다. 이 날계란은 매일 김영기의 식전 공복을 메우는 중요한 메뉴였다. 어머니는 손수 날계란 껍질을 깨서 먹기 좋게 만들어 주었다. 김영기는 "이 식전의 날계란은 어머니가 깨 주시는 게 아니면 맛이 없었다."고 적었다. 아침나절 어머니와 아들 사이에는 짧은 대화가 오갔다.

"얘, 그리고… 그 남산 약수터에 올라가면, 잠깐 쉬어서 약수물 좀 마셔라! 그 약수물이 사람 몸에 그렇게 좋다는구나."

"그렇지 않아도 매일 마시는걸요. 우선 목이 말라서요."

"그렇다고 너무 많이 마시면 몸에 해롭대. 알맞게 한 두어 모금만 마셔."

"예, 알았어요!"

이렇게 집에서 뛰어나가 운동을 시작하는 김영기의 입 안에는 언제나 날계란의 고소한 뒷맛이 행복하게 풍기고 있었다. 『갈채와의 밀어』에는 '날겨란의 고수한 뒷맛'이라고 씌었다. 김영기의 책 곳곳에서 서울 방언이 보인다. 필자는 맞춤법을 지키려 노력하고 있지만 김영기의 글을 읽으며 옛 서울말의 억양과 발음이 문득문득 그리워지기도 한다. 『갈채와의 밀어』는 문자로 고정해 둔 서울 방언을 읽을 수 있다는 점에서도 가치가 크다.

농구인 김영기

아버지의 선물

보슬비가 내리는 날이었다. 김영기는 그 날도 훈련장에서 모든 것을 불살랐다. 가슴이 뜨거운 소년이었다. 결과는 뻔하다. 기진맥진해 기다시피 하여 집에 돌아갔다. 씻기도 싫고 밥을 먹기도 귀찮았다. 그냥 쓰러져서 자고 싶을 뿐. 터벅터벅 이층으로 올라가는 그를 어머니가 불렀다. 언제나처럼 "영기야."하고. 김영기는 귀찮은 표정으로 뒤돌아보았다.

"아버지 방에 좀 가 보렴."

"?…"

"아까부터 기다리셨다."

"……."

하는 수 없었다. 방문을 열고 들어섰다. 아버지는 아랫목에 앉아 있었다.

"저 이제 왔습니다. 부르셨어요?"

"오냐, 거기 앉아라."

문가에 앉았다. 드문 일이었으므로 김영기는 내심 불안했다.

"피곤해 보이는구나."

"오늘도 많이 뛰었거든요."

아버지는 한참 동안 아무 말도 하지 않고 앉아 아들을 바라보았다. 무슨 말인지 얼른 해주었으면 좋겠건만. 김영기는 방바닥만 내려다보고 있었다.

"옜다! 네 거다."

김영기는 머리를 들었다. 그리고 깜짝 놀랐다. 아버지가 손에 든 것은 농구공이었다. 김영기는 자신도 모르게 부르짖었다.

"아버지!"

그리고는 얼른 일어나 받아 들었다. 한 번도 흙이 묻어보지 않은, 깨끗하고 탄탄한 새 공이었다.

"아버지!"

아버지는 웃음을 띤 채 아들을 바라보았다. 김영기로서는 참으로 오랜만에 보는 인자한 웃음이었다. 그는 이층으로 뛰어 올라갔다. 방에 들어서자마자 벽에 대고 공을 던져 보았다. 공은 '탕-!' 소리를 내며 벽을 때리고 돌아왔다. 터질 것만 같은 탄력이었다. '그렇게 반대하시던 아버지께서, 야단만 치시던 아버지께서, 아버지…' 이런 생각을 하면서 자꾸만 공을 던지고 받고 던지고 받았다.

지금은 농구공이 흔하다. 운동용품을 파는 곳이면 대개 농구공을 진열하고 있다. 공을 만드는 회사도 여러 곳이다. 실내 코트에서 사용하는 공과 밖에서 사용하는 공이 따로 있고 가격도 천차만별이다. 명품이라기보다 인기가 있는 상표가 붙은 공은 매우 비싸다. 요즘은 공의 성능, 기능이 아니라 공을 만든 회사의 명성과 가치, '브랜드 파워'가 소비자의 지갑을 연다. 하지만 소년 김영기의 시대에는 공이 귀했다. 학교에서나 운동용품 가게에서나 그렇게 손쉽게 구할 수 있는 물건이 아니었다. 겨우 미군부대 주변에 굴러다니는 것을 비싸게 사서 팀에서나 사용할 정도였다. 그러니까 아버지가 아들에게 내려 준 농구공은 지금의 감각으로는 충분히 이해하기 어려운, 말로 표현할 수조차 없는 의미를 담고 있는 것이었다. 김영기는 『갈채와의 밀어』에 이렇게 썼다.

　"내가 후에 드리블의 명수라는 말을 듣게 되고 외국에 나가서까지 나의 드리블에 격찬(激讚)이 따라다닌 것은 아버지가 사다 주신 이 공의 덕이라고 생각한다."

　김영기는 새벽 훈련을 할 때 이 공을 반드시 가지고 나갔다. 남산 순환도로에 들어서면 거기서부터 공을 튀기며 달렸다. 그때만 해도 (지금도 크게 달라지지는 않았지만) 길바닥은 고르지 않았다. 몹시 울퉁불퉁했다. 게다가 가팔랐다. 이 길에서 드리블을 하며 달리기란 쉽지 않았다. 김영기는 이 훈련을 통해 드리블 실력과 감각을 빠르게 향상시켰다. 다시 그의 기록을 읽어보자.

"이 훈련에서-물론 하루 이틀에 터득한 것은 아니었
지만-공의 바운드에 맞추어 손의 스냅(공을 다룰 때 손목을
쓰는 것)을 어떻게 이용해야 할 것인가 하는 기초적인 손
힘의 안배(按配)를 익혔다고 볼 수 있다. 이른바 '공이 손
에 붙어 다니는 귀신같은 김영기의 드리블'은, 이 남산가
도에서 아버지가 사다 주신 공으로 그 정지공사(整地工
事)를 한 셈이다."

　　김영기가 했다는 거리 드리블은 매우 효과적인 훈련 방법이다.
김영기보다 두 세대쯤 뒤에 등장하는 김동광, 김동광 다음으로 등
장하는 테크니션(필자는 '올라운더'라고 할 수도 있는 이 스타 계보를 김영기-
김동광-신선우-허재로 이해한다.) 허재도 성장기에 이런 아웃도어 드리블
을 많이 했다. 고르지 않은 길바닥에서 공을 튀기면 바운스에 변화
가 심하다. 불규칙한 바운스에 대응하며 드리블 훈련을 하다 보면
손목과 손바닥, 손가락의 감각이 예민해지고 미세한 근육들에 힘이
붙는다. 그래서 낮고 빠르고 강하며 정확한 드리블을 할 수 있게 된
다. 다만 이 훈련은 어릴 때 시작하는 것이 좋다. 프로농구 감독 유
재학도 대우 제우스에서 일할 때 선수들에게 아웃도어 드리블을 많
이 하라고 충고했다.[02] 하지만 프로선수가 되었을 때는 몸의 본능이

02　대우 제우스는 1996년 3월에 창단한 대우그룹 계열의 프로농구 구단으로, 인천
　　　광역시를 연고지로 삼았다. 1999년 10월 8일 신세기통신㈜이 인수하여 인천 신

제어되거나 습관이 업데이트되기는 어렵다. 이 시기는 경험이 쌓이고 안목이 트여 관중과 팬에게 품질이 뛰어난 경기상품을 제공해야 할 시기다. 필자가 보기에는 유소년이나 청소년기에 하면 좋을 기본기 관련 훈련이다.

아버지가 선물한 공의 영향일 것이다. 김영기의 농구에 대한 몰입은 최고조에 이르렀다. 이 무렵 김영기의 방은 온통 농구와 관련한 그림으로 도배가 되어 있었다. 그는 '점쟁이 집 벽에 붙는 부적처럼 해괴망측한 그림들'이라고 적었다. 대부분 이희주 코치로부터 지도를 받으면서 김영기 나름대로 정리해 그린 작전도(作戰圖)였다. 이 무렵 그는 이희주로부터 경기 운영 방법을 한창 배울 때였다. 그러므로 김영기의 방을 뒤덮은 그림들은 이희주가 가르친 작전의 약도인 셈이다. 엔드라인에서 투입되는 공에서부터 마지막 슛이 성공할 때까지 선수 다섯 명의 움직임과 그 변화, 패스의 길을 그대로 기록하고 있었다. 김영기는 천장과 네 벽이 모두 작전도로 둘러싸인 방에서 자신만의 농구를 키워 나갔다. 낮에 한 훈련은 실기 공부요, 밤에는 방안을 가득 메운 '교과서'를 교재로 삼아 이론 공부를 했다.

잠을 자면서도 농구를 내려놓지 못했다. 잠자리에 들면 농구장

세기 빅스로 재창단하였고, 2001년 9월 SK텔레콤(주)이 신세기통신(주)을 흡수합병함에 따라 인천 SK 빅스로 팀명이 변경되었다. 2003년 10월 전자랜드(주)가 SK 빅스를 인수하여 인천 전자랜드 블랙슬래머를 창단하였고, 2009년 8월 인천 전자랜드 엘리펀츠로 명칭을 변경하였다. 모기업인 전자랜드가 운영을 포기함에 따라 2021년 한국가스공사에 매각되었다. 이에 따라 대구 한국가스공사 페가수스로 구단 명칭이 변경되었으며, 연고지는 대구광역시로 옮겨지게 되었다.(두산백과)

이 허공에 홀로그램처럼 떠올랐다. 그런데 뿌연 안개 같은 것이 선수들의 얼굴과 공과 바스켓과 백보드를 가렸다. 오직 선명하고 자신 있는 것은 김영기 자신의 플레이 뿐이었다. 어디서인지, 누군가로부터 공이 패스되어 왔다. 그는 공을 받자마자 비호처럼 드리블해 나갔다. 얼굴을 알 수 없는 상대팀 선수가 푸트워크를 몇 번 하다가 떨어져 나갔다. 정말 날쌔게 한 선수를 해치우고, 다음 수비도 참새처럼 재빠르게 빠져나갔다. 공은 여전히 김영기의 손 안에 있다. 슛 기회다. 점프슛!

웬일일까? 점프가 되지 않는다. 공은 아직 그의 손에 있다. 바스켓 바로 아래에 있는 그가 3초 제한시간에 걸리면 공을 빼앗길 수밖에 없다. 어서 슛을 쏘아야 한다. 점프슛! 어찌 된 일일까. 점프가 조금도 되지 않는다. 정말 이상한 일이다. 머리가 어질해졌다. 웬일일까. 불끈 힘을 쓰는 서슬에 눈이 번쩍 떠졌다. 꿈을 꾼 것이다. 정신을 차리고 보니 이상했다. 김영기는 이부자리 속에 누워 있지 않았다. 일어나 서서 슛 동작을 일으키기 직전의 자세로 서 있었던 것이다. 김영기는 엉거주춤한 자세 그대로 정말 공을 잡고 있는 것처럼 잔뜩 허공을 붙잡고 선 자신을 발견했다. 이런 일이 여러 번 있었다. 김영기는 속으로 은근히 겁이 났다. 정말 이상해지면 어떡하지? 이런 생각이 그를 정말 불안하게 만들기도 했다. 그는 시니컬하게 한 줄 적었다.

"몽유병 환자도 이쯤 되면 고급이다."

딱 한 번 눈물

친구들은 김영기를 가리켜 '냉정한 사나이'라고 했다. 김영기는 이 말을 결코 좋아하지 않는다. 냉정하다는 평가를 받는 이유가 자신에게 있으며 '체념이 빠른 면'도 그 중에 하나일 것이라고 짐작할 뿐이다. 그는 이겼을 때는 간결하게 기쁨을 느끼고, 졌을 때는 쉽게 잊는다. 끝난 경기에 연연하지 않는다. 경기 결과에 따라 감정을 드러내지도 않는다. 극적으로 이겼다고 환호하거나 아깝게 졌다고 슬퍼하지도 않는다. 자신의 플레이에 문제가 있었다면 그것을 기억하고 가다듬는 데 힘을 바칠 뿐이다.

스포츠 경기는 반드시 승부를 가린다. 경기를 하는 이상 이겨야 한다. 김영기는 이긴다는 사실에 조건을 하나 건다. 깨끗이 이겨야 한다는 것. 그렇지 않으면 깨끗이 지느니만 못하다는 것이 김영기의 소신이다. 그래서 그는 '페어플레이', '파인플레이'라는 말을 좋아한다. 이 기호는 평생을 간다. 그는 1995년부터 1998년까지 중앙일보가 제정한 페어플레이상의 심사위원으로 활동했다. 분주한 김영기가 굳이 그 일을 떠맡은 데는 페어플레이에 대한 평생의 집념이 작동했을 것이다. 이런 의식이 체념이나 냉정함으로 나타났을지 모른다. 그러나 김영기도 꼭 한 번 운 적이 있다. 너무나 분하고 안타까운 나머지 경기가 끝난 뒤 한참을 운 기억. 그의 농구선수 생활을 통틀어 유일한 눈물의 기억이다.

배재고등학교 3학년 때의 일이다. 당시에는 봄철리그(『갈채와의 밀어』에는 '봄에 열리는 춘계 학생농구 리그'로 나온다.)와 초여름에 열리는 종별선수권대회가 공식대회 중에 가장 중요하고 컸다. 김영기는 배재고가 봄철리그에서 한양공고에 75-76으로, 종별대회에서 88-89로 졌다고 기록했다. 특히 두 번째 대결에서는 88-87로 앞선 가운데 경기 종료 직전에 역전골을 맞았다. 1점 차 리드를 지키기 위해 패스 플레이를 하다가 가로채기를 당한 것이다. 배재고 선수들은 모두 코트 바닥에 주저앉았다. 겨우 정신을 수습해 응원석 앞에 갔을 때는 얼굴이 모두 눈물범벅이었다. 응원단장이 주먹으로 눈물을 닦으며 응원가를 불렀다. 노래가 아니고 악을 쓰는 것 같았다. "우리 배재학당 배재학당 노래합시다…." 이때 김영기도 뜨거운 눈물을 쏟고 말았다.

필자는 김영기를 울린 두 경기를 특정하기 위하여 당시 신문 보도와 대한민국농구협회에 남은 기록을 검색하여 보았다. 그러나

『갈채와의 밀어』의 기술과 일치하는 사례를 쉽게 발견하지 못했다. 김영기가 고등학교 3학년 때라면 1954년이다. 『갈채와의 밀어』에 나오는 대회명은 모호한 면이 있다. '봄에 열리는 춘계 학생농구리그'가 무엇이었는지 알기는 어렵다. '초여름'에 열렸다는 종별대회는 1954년 6월 4일부터 9일까지 경복고등학교에서 열렸을 것으로 추정할 수 있다. 경향신문의 1954년 6월 11일자 2면 기사에 따르면, 배재고는 9일에 열린 이 대회 결승에서 한양공고에 28-29로 졌다. 이 스코어는 김영기가 기록한 스코어와 큰 차이가 난다. 신문이 1골을 1점으로 잘못 계산해 보도했다고 가정하고 '곱하기 2'를 해도 56-58에 불과하다. 이 당시 고등학교 경기에서 70점, 80점대 득점이 나온 사례는 드물다. 사례가 있더라도 대개 강팀이 약한 팀을 일방적으로 공략해서 거두는 점수다. 양 팀이 모두 70점, 80점대를 기록하며 치고받는 경우는 거의 없다.

주목할 점은 스코어뿐이 아니다. 김영기가 『갈채와의 밀어』에서 보여주는 문장과 표현능력이다. 그는 글을 잘 쓴다. 타고난 면이 있을 것이다. 그러나 책속에서 마주치는 글귀, 단어의 선택, 상황을 이해하고 설명하는 능력, 감정을 표현하거나 드러내는 방법 등에서 잘 훈련된 문장가임을 확인할 수 있다. 이 시대의 선배 체육인들은 '대학교육을 받은 지식인'이라는 일컬음이 무색하지 않다. 운동 실력으로 역사에 이름을 남겼지만 지성과 교양 면에서도 부족함이 없다. 김인건은 대단한 독서가로서 문학과 음악에 조예가 깊다. 방열은 글 솜씨가 뛰어나 신문 칼럼니스트로도 인기를 얻었고, 분주한 가운데 집필한 저서가 12권에 이른다. 오늘날 우리 가운데 상당수는 학생 선수들의 운동과 공부를 양립할 수 없는 조건으로 인식한다. 선배 세대의 사례를 살펴 오늘날의 자양으로 삼을 필요가 있다. 시대가 달라졌다고는 하나, 교육과 성장에 뜻을 두는 근본은 달라지지 않는다. 학생이 마땅히 누려야 할 교육받을 권리를 어떻게 지켜줄 것인지 양심으로 고민하고 즉각 행동해야 한다.

농구인 김영기

두 번 본 입학시험

　학업과 선수생활의 병행은 평행으로 이어진 밧줄 사이를 오르내리는 것과 흡사했다. 밧줄에서 떨어지면 낙오자가 된다는 신념으로 두 줄 위에 올린 발을 헛딛지 않고 이어갔다. 하지만 학년이 올라갈수록 어렵고 힘들었다. 절친한 친구들은 학업이 끝나면 도서관으로 향했지만, 나는 체육관으로 향했다. 성적이 떨어지면 학업 줄에 매달렸고, 농구 기량이 부족하면 농구 줄에 매달렸다. 청소년 시절부터 비판력을 갖고 있어야 한다고 생각했다. 비판의 역량은 사고력이 그 바탕이며, 생각의 힘은 충실한 학업과 독서 등으로부터 얻게 된다. 세상은 천태만상에 변화무쌍 그 자체이다. 무지의 상태에 빠지지 않으려면 운동 못지않게 학업에도 충실해야 한다. (방열, 『인생이

라는 코트 위에서』 중)

　　농구협회에서는 1961년부터 1962년 제4회 자카르타 아시안게임에 출전할 대표후보선수를 선발하여 훈련시키고 있었는데 후보 선수 일원으로 선발된 나는 후보를 사퇴하고 대입시험을 준비하게 되었다. 국가에서 관리하는 시험에 모든 지원자가 전공과별로 시험을 치르고 그 성적을 바탕으로 원하는 대학을 선택 지원하여 체능시험을 치르도록 했다. 필기시험 성적과 체능시험성적을 합하여 당락을 결정하게 된다. 이듬해 1월 시행된 국가고시 시험 성적을 가지고 연세대 경영학과를 지원하여 무난히 합격해서 연세대 학생으로 다시 농구선수로서 활약하게 되었다. 농구 훈련은 당연히 각자 대학 수업을 다 마친 후 보통 야간까지 계속되었고, 특히 방학 때는 학교 체육관에서 합숙을 하며 하루 4회씩이나 고된 훈련이 반복되었다. (김인건 자필 수기, 2017년 7월 28일)

　　방열은 고등학교 3학년 마지막 학기를 대학입학시험 준비에 바쳤다. 당시 그의 집은 종로에 있었다. 어머니가 금정관이라는 요식업소를 운영하고 있었기에 공부하기 좋은 환경은 아니었다. 어머니는 신촌에 하숙방을 얻어 주었다. 방열은 학교와 하숙방을 왕래하며 4개월 동안 공부에만 몰입했다. 사정은 김인건도 비슷했다. 그가 대학에 진학하던 해에는 대학입학자격시험이 처음으로 시행되었다. 정부에서는 학과별 커트라인을 정해 통과하는 학생에게만 진학 기회를 부여했다. 전례가 없는 조치였기 때문에 운동을 하는 학생들은 준비가 부족했고 그 영향은 즉각적으로 나타났다. 이 해에 자격시험을 본 운동선수는 409명이었는데 이중 98명만 진학했다. 농구의 경우 34명 중 5명만 대학에 갔다. 김인건은 고등학교 졸업시험이 끝난 1961년 10월부터 자격시험을 치는 이듬해 1월까지 3개월 동안 공부에 매달렸다. 당시 대학에 진학하지 못하면 운동을 그만 둘 생각까지 했다고 한다.

김인건이 3개월 집중학습으로 연세대학교에 진학했다는 것은 사실과 다르다. 3개월 벼락공부로는 그때나 지금이나 대학에 갈 수 없다. 김인건은 나름대로 공부를 늘 염두에 둔 학생이었고 독서량이 많은 편이었던 데다 무엇보다도 수학에 특출한 재능이 있었다. 그는 교과서에 나오는 수학문제를 참고서 없이 술술 풀어냈다. 어느 날엔가는 수학선생이 수업 중에 학생을 칠판 앞으로 불러내 문제를 풀게 했는데 김인건도 불려 나갔다. 아무도 정답을 쓰지 못했지만 김인건은 공식을 척척 적어가며 정답을 써내 수학선생의 놀라움을 샀다. 참고서나 과외의 도움 없이 대학입학자격시험에 나온 문제를 풀어낼 수 있는 실력이 있었기에 3개월에 걸친 집중학습만으로 연세대학교에 진학할 수 있는 길을 열었을 것이다. 방열도 시험 때면 한 집에 몰려가 함께 공부하는 친구들이 있었다. 아무리 해도 안 되는 과목은 선배들에게 물어서 깨우쳤다.

방열과 김인건의 술회는 그들이 학생이던 시절 학교체육의 일면을 엿보게 한다. 방열이 학년이 올라갈수록 느낀 어려움, 즉 친구들은 도서관에 가는데 자신은 체육관에 가야 했다는 기억은 역설적으로 당시 학생 선수들의 학업에 대한 인식을 보여준다. 지금 우리 학생 선수들이 처한 환경은 방열과 김인건의 청소년기와 비교해 보아도 우려되는 부분이 적지 않다. 체육에 재능이 있는 학생들의 학습을 어떻게 보장해 주어야 할지를 놓고 어른들은 끝없이 논쟁을 거듭하고 있을 뿐이다. 가능해야 할 일들이 가능하지 않은 현실은 운동하는 학생들을 막다른 골목으로 몰아넣고 있다. 필자는 우리의 가능하지 않은 일들이 여전히 가능한 일이라고 믿는다. 농구 현장에서 기자로 일하던 시절에 쓴 칼럼 한 줄이 생각난다.

> 서울 잠실학생체육관에서 열리는 95국제대학농구올스타전에 참가한 캐나다의 브리티시 컬럼비아 대(UBC) 선수 12명은 모처럼의 한국나들이를 즐기기 위해 오는 6일까지 기다려야 한다. 진급과 졸업여부가 달려 있는 학기말 시험을 치러야 하기 때문이다. 이 대학은 선수들이 한국에서 시험을 치르게 하기 위해 5일 시험지를 휴대한 부총장급 감독관을 서울에 파견한다. 캐나다 선수들은

경기가 끝나면 곧장 숙소인 올림픽 파크텔로 달려가 샤워를 마친 뒤 문을 걸어 잠그고 시험공부에 열을 올리고 있다. 필요 없는 전화는 사절, 쇼핑은 어림도 없는 일이다. 웨이트 트레이닝 장에 가장 먼저 모습을 나타내는 팀도 이들이다. 캐나다 선수들은 지난 1일 개막 리셉션에 모두 넥타이를 맨 정장차림에 단정하게 머리를 빗어 넘긴 모습으로 참석했다. 또 경기가 있는 날은 몸을 풀기에 앞서 반드시 태극기를 펴든 채 입장해 한국 팬들의 인기를 모으고 있다. 국내 대학농구 코치들은 "학생 팀은 이래야 하는데…"라고 부러워하면서도 "우리 실정에선 불가능한 일"이라고 입을 모은다. 바른 길을 알면서도 '우리는 할 수 없다'는 자포자기의 모습을 드러내고 있는 것이다. (중앙일보 1995년 12월 4일자)

방열과 김인건의 사례를 통해 당시 운동을 하는 학생들이 아예 책을 놓아버리지는 않았으며, 그들 중 상당수는 학업 성적도 우수했음을 짐작할 수 있다. 김영기는 그 가운데서도 손에 꼽을 만큼 뛰어난 학생이었다. 『갈채와의 밀어』는 그가 고려대학교에 진학하는 과정에서 겪은 해프닝을 비교적 자세히 소개하고 있다. 김영기의 고려대학교 진학에 얽힌 이야기는 따로 적어야 하겠지만, 입시 이야기는 여기서 하고 넘어가자. 김영기가 면접시험을 보던 날의 일이다.

"자네가 778번 김영기인가?"

"예!"

총장실에 앉은 시험관(試驗官)이 안경알을 번득이며 물었다. 다른 교수들도 매서운 눈초리로 김영기를 훑어보았다.

"자네가… 체육특기생으로 지원한 김영긴가?"

"예, 농구부에 지원했습니다."

"그런데, 자네 성적이… 이게 아무래도 이상하단 말이야!"

김영기는 영문을 모르고 듣고만 있었다.

"자네, 고등학교 다닐 때 성적이 어땠어?"

"반에서 10등 이내는 들었습니다."

"운동을 하면서 어떻게 성적이 그렇게 좋을 수 있지? 그때도 커닝 잘했는가 보군 그래."

"예?"

김영기는 이때에야 시험관들이 무엇 때문에 이런 질문을 하는지 깨달았다.

"이상하단 말이야! 운동선수가 입학시험 성적이 이렇게 좋을 리는 없는 일이거든?"

김영기는 어이가 없어서 멍하니 듣고만 있었다. 어떤 교수가 김영기를 쏘아보며 말했다.

"이봐. 자네는 이미 체육특기생으로 입학이 허가된 거나 다름

없단 말이야! 그러니, 이 필답고사 성적은 자네의 입학 여부에 영향을 미치지 않는 거니까… 솔직히 말해봐! 자네 필답고사 때 커닝했지?"

"예에?"

김영기는 정말 어이가 없었다. 성적이 얼마나 좋기에 이런 의심을 받는지 모르지만 여간 불쾌하지 않았다. 화가 치밀었다.

"무슨 말씀인지 잘 모르겠습니다만 전 커닝을 하지 않았습니다."

"사람은 정직해야 하는 법이야! 지금이라도 늦지 않았으니, 학생! 정직하게 대답해보지 그래!"

"제가 왜 커닝을 했다는 의심을 받는지 잘 모르겠지만, 저는 운동하는 틈틈이 입시공부를 해왔습니다."

"정말인가?"

"정말입니다. 저를 어떻게 보고 이런 의심을 하시는지 모르지만, 저는 절대 커닝을 하지 않았습니다."

"흐음….."

김영기는 결국 필답고사 문제를 면접고사장에서 다시 풀어 보이고서야 풀려났다. 그는 지금도 그때 필답고사 성적이 얼마나 좋았는지 알지 못한다. 좋았는지 좋지 않았는지도. 분명한 것은, 그때나 지금이나 운동선수는 으레 공부를 하지 않는 것으로(혹은 안 해도 되는 것으로) 안다는 사실이다. 김영기는 이 사실을 받아들이기 어려왔다. 운동을 하다 보면 책과 인연이 멀어지기 쉽지만, 책을 버림으로써 훌륭한 운동선수가 되지는 않는다. 그는 청소년기에도 그랬지만 고려대학교에 진학한 뒤에도, 대학을 마치고 사회인이 된 뒤에도 책을 멀리하지 않았다. 그는 늘 호기심이 충만했고, 배우고 익히려는 의지가 강했다. 새로운 도전을 두려워하지 않았다. 이런 점에서 그는 특별했고, 이 남다름이 그를 선수나 지도자로서 성공할 수 있도록 해주었다.

원 핸드 슛

    김영기가 고려대학교에 다닐 때만 해도 원 핸드 슛을 던지는 선수는 흔하지 않았다. 그때까지 국내 선수들은 남녀 불문하고 대개 투 핸드 슛을 했다. 요즘도 여자농구 경기에서 흔히 보는 슛 동작을 남자농구 경기에서도 볼 수 있었다. 유수한 실업 팀 선수들도 예외는 아니었다. 김영기는 언제 어떻게 원 핸드 슛을 던지기로 결심하게 됐을까. 그는 『갈채와의 밀어』 83쪽에서 시작하는 '나와 원 핸드 슛'이라는 글에서 자초지종을 설명했다. 마닐라에서 열린 제2회 아시아경기대회에 다녀온 선배 김영수가 외국 선수들의 슛 성공률을 이야기하면서 원 핸드 슛에 대해서도 말했다는 것이다. 제2회 아시아경기대회는 1954년에 열렸으므로 김영기가 배재고등학교 3학년일 때다. 김영수의 이야기를 들은 김영기는 호기심을 느낀 것 같다. 그는 이렇게 기록했다.

이 슛의 정확성에 대해서는 전혀 아는 바 없었지만 나로서는 그래도 투 핸드 슛보다는 이로운 점이 많을 것 같았다. 첫째, 러닝 슛에 이로울 것 같았고 둘째, 골과의 각도를 가리지 않고 슛을 시도할 수 있을 것 같았고 셋째, 슛 모션을 자유자재로 변화시키기 쉬울 것 같았다.

김영기는 행동하는 사나이. 곧 원 핸드 슛을 익히기 시작했다. 처음 해보는 동작, 아무도 도와줄 수 없는 훈련이었다. 처음에는 공이 흔들리면서 날아가 림을 맞고 떨어졌다. 슛이 정확할 리 없었다. 그러나 김영기는 쉽게 단념하는 성격이 아니다. 고집스럽게 훈련했다. 그렇게 훈련을 거듭하자 차차 자신감이 붙었다. 김영기는 농구부원들에게도 원 핸드 슛을 권했다. 그러나 금방 익히기 어려운 원 핸드 슛, 정확하지 않은 (정확하지 않을 것 같은) 슛 기술을 아무도 익히려 들지 않았다. 농구부원들은 도리어 김영기를 말렸다. 그들은 김영기가 정확하지 않은 슛 기술을 사용하는 바람에 득점력이 떨어진다고 보았다. 원 핸드 슛을 둘러싼 논쟁 때문에 동료와 말다툼을 하고 끝내 화해하지 못한 경우도 있다.

김영기는 계속해서 원 핸드 슛 다듬기에 전념했다. 당장에야 투 핸드 슛에 비해 부정확했지만 언젠가는 원 핸드 슛이 자신의 기량과 기록 향상에 도움이 될 것으로 확신했다. 김영기가 원 핸드 슛 훈련에 몰두할 때 배재고 농구부는 앞서 소개한 '봄에 열리는 춘계 학

농구인 김영기

생농구 리그'와 '초여름에 열리는 종별선수권대회'에 참가했다. 이때만 해도 김영기의 원 핸드 슛은 성공적이라고도, 실패했다고도 할 수 없는 수준이었다. 김영기는 포기할 생각이 전혀 없었다. '외국 선수들이 성공적으로 구사하는 기술을 우리라고 못할 이유가 없다.'고 생각했다. 김영기의 훈련은 쉼 없이 계속됐다. 훈련을 하면서 겪는 고통은 원 핸드 슛에 편견을 가지고 반대하는 사람들과 싸우느라 겪는 괴로움에 비하면 아무 것도 아니었다.

원 핸드 슛에 대한 김영기의 관심은 우리 농구의 역사를 살필 때 중요한 의미가 있다. 그가 열어젖힌 원 핸드 슛의 세계를 다음 세대의 스타들이 완성하면서 아시아 정상으로 가는 길을 개척한다. 그 중심에 선 인물이 신동파다. 신동파가 뛰어난 농구선수로서 성장하는 과정에서 중요한 전기가 되는 몇 장면은 김영기와 무관하지 않다. 첫째는 신동파가 휘문중학교 3학년이던 1959년 5월 국내에서 최강 팀으로 꼽히던 공군 팀이 휘문중학교로 훈련을 하러 갔을 때다. 신동파는 당대 최고의 스타로서 탁월한 기술을 구사하는 선수였던 김영기의 움직임을 지켜보고 그를 모범삼기로 작정했다. 그는 "김영기 씨의 유연한 몸매와 폼에 반하게 되었다."(일간스포츠 1974년 1월 9일자)라고 고백하면서 김영기의 경기 모습을 흉내 내기 위해 노력했다는 사실도 숨기지 않았다. 당대 최고의 기술을 구사하는 선수로 평가되던 김영기를 모범으로 삼았다는 사실은 농구선수로서 신동파의 지향점이 그만큼 높았다는 반증이 된다.

신동파가 흉내를 낸 김영기의 동작 가운데는 원 핸드 점프 슛도 있다. 신동파가 회고록에 '김 씨가 쉽게 묘기를 부리던 원 핸드 슛'(일간스포츠 1974년 1월 9일자)이라고 쓴 데서 보듯 이 기술은 아직 농구 선수들 사이에 대중화되지 않아 '묘기'에 속했다. 신동파의 성장에 결정적인 전기를 이룬 두 번째 시기는 바로 이 원 핸드 점프 슛을 익혀 특기로 삼게 되는, 휘문중학교 3학년에서 휘문고등학교 신입생으로 넘어가는 과도기다. 신동파는 신봉호 코치의 조언을 받아들여 원 핸드 점프 슛을 연마하기 시작하였다. 신봉호는 신동파에게 "원 핸드 슛을 던지지 못하면 너는 선수로서 성공하기 어렵고 선수 생명도 길지 않을 것"이라며 강하게 권했다. 신동파는 신봉호의 조언을 듣는 동안 머릿속에서 김영기의 원 핸드 슛 폼을 떠올렸다고 한다. 그러므로 신동파는 이 시기에 장차 국내는 물론 아시아와 세계를 통틀어 손꼽히는 득점 전문 선수로 이름을 떨칠 기반을 마련했다고 보아도 과언이 아니다.

원 핸드 점프 슛은 오늘날 가장 자주 사용되는 공격 기술이다. ①공을 잡고 빠른 동작으로 멈추어서 ②무릎을 구부렸다가 뛰어오르며 공을 머리 위로 들어 올린 다음 ③팔을 쭉 뻗으면서 손목과 손가락의 유연성을 이용해 공을 날려 보내는 방법이다. 투 핸드 점프 슛에 비해 준비동작의 시간이 짧고 드리블 및 패스에 의한 빠른 슛 동작이 가능하다. 이런 이유로 현대 농구에서 매우 선호하는 슛 기술이다. 경기 상황에 따라 머리 위에서 공을 던지기 때문에 슛의 타이밍을 예측하기 힘들어 수비수의 방해를 받지 않는 가장 효과적인 슛이라고 할 수 있다. 그러나 중장거리에서 시도할 경우 정확성이 떨어지는 단점도 있다(김형수·박제영).

농구 역사상 누가 가장 먼저 원 핸드 점프 슛 기술을 사용했느냐는 의문은 오랫동안 논쟁거리로 이어져오고 있다. 원 핸드는 고사하고 점프 슛을 누가 가장 먼저 시도했는지도 불분명하다.『점프 슛의 기원(The Origins of the Jump Shot)』을 쓴 존 크리스트거(John Christgau)는 다양한 문서와 레이 메이어(Ray Meyer) 등 저명한 대학 코치들의 구술 기록을 종합해 유력한 후보로 케니 세일러스(Kenny Sailors)를 지목하고 그가 1934년 5월 점프 슛을 시도한 사례를 제시하였다. 증언에 의하면 세일러스는 점프를 한 다음 오래 체공하며 공을 던지는 기술을 사용했다. 그러나 크리스트거는 점프슛의 개척자를 거론하면서 글렌 로버츠(Glenn Roberts)·마이어 스쿠그(Myer Skoog)·존 곤살레스(John Gonzales)·버드 파머(Bud Palmer)·대비지 마이너(Davage Minor)·조 풀크스(Joe Fulks)·조니 애덤스(Johnny Adams)·밸러스 밴 스멀리(Belus Van Smawley) 등의 이름을 제시하였다.

안젤로 루이세티(Angelo Luicetti)가 가장 먼저 원 핸드 점프 슛을 쏘았다는 주장이 있으나 크리스트거는 루이세티를 면담하는 자리에서 "나는 결코 점프 슛을 던지지 않았다. 나는 단지 골 가까운데서 한 손을 이용한 러닝 슛 같은 것을 던졌을 따름이다."라는 증언을 듣고 점프 슛을 던진, 혹은 던진 것으로 알려진 선수들의 명단에 루이세티의 이름을 올리지 않았다. 한편 미국의 대학체육협회(NCAA)는 1931~1934년 미주리대학교에서 선수로 활동한 존 밀러 쿠퍼(John Miller Cooper)를 가장 먼저 점프 슛을 던진 선수로 기록하고 있다(The New York Times 2011년 3월 2일자). 그러나 그의 슛 동작은 두 손으로 공을 잡고 두 다리를 모두 이용해 점프한 다음 슛을 던지는 형태여서 원 핸드 점프 슛은 아니었던 것으로 보인다.

한국에 원 핸드 점프 슛 기술이 알려진 시기는 불분명하다. 『한국농구80년사』에 보이는 정상윤의 증언에 따르면 미국인 코치 존 번이 한국을 방문하여 대학 선수들을 지도할 때 이전까지 일반적으로 사용되지 않았던 원 핸드 슛 기술을 집중적으로 훈련했다. 이전까지는 선수들 대부분이 투 핸드 세트 슛을 구사하였으며, 원 핸드 점프 슛 기술이 전래된 다음에도 투 핸드 세트 슛을 구사하는 선수가 적지 않았던 것으로 보인다. 일례로 1955년 7월 15일자 대한뉴스는 한국의 남자 팀과 미국 빅토리 팀의 친선경기를 보도하였는데 이 경기에서 한국 팀의 한 선수가 골 정면 자유투 라인의 뒤쪽에서 두 손으로 슛하는 모습이 잘 나타나 있다. 이 경기는 1955년 서울 장충동 육군체육관(훗날 장충체육관)의 개장을 기념하여 열렸다. 빅토리 팀은 기독교 선교를 목적으로 조직된 팀이다. 빅토리 팀은 1955년 6월 24일부터 29일까지 육군체육관에서 고려대·산업은행(24일), 홍익대(25일), 연세대(27일), 공군(28일), 서울선발팀(29일) 등과 여섯 경기를 하고 돌아갔다. 대한뉴스의 동영상은 이들 경기 가운데 하나

농구인 김영기

일 것으로 추정된다. 최근의 한국농구 경기에서 투 핸드 세트 슛을 구사하는 남자 선수는 찾기 어렵지만 여자농구에서는 여전히 기본 기로 사용되고 있으며 원 핸드 슛을 던지는 선수가 오히려 드문 것이 현실이다.

내가 선수생활을 할 때에도 투 핸드 슛을 던지는 선수가 적지 않았고 흠으로 생각하지도 않았다. 당시 남자농구 선수 가운데 투 핸드 슛을 던지는 선수와 원 핸드 슛을 던지는 선수의 비율은 비슷하거나 원 핸드가 조금 많았다. 김평옥·조충원 선배처럼 실업무대에서 이름을 날리던 선수들도 투 핸드 슛을 던졌다. 나도 반드시 원 핸드 슛을 던져야 훌륭한 선수가 될 수 있다는 신봉호 선생님의 말씀을 완전히 이해하고 슛 폼을 바꾼 것은 아니다. 선생님의 가르침이기에 당연히 따라야 한다고 생각했을 뿐이다. 그러나 고등학교 2, 3학년이 되었을 때 비로소 '아, 이래서 선생님이 원 핸드 슛을 가르치셨구나.'하고 깨닫게 되었다. 내가 회고록에 원 핸드 슛이라고 기록한 슛 기술은 요즘 선수들이 사용하는 기술과 똑같은, 완전한 '원핸드 점프 슛'이었다.(신동파)

III

JUMP

후반에만 20득점

    1956년 11월 22일부터 12월 8일까지 호주의 멜버른에서 올림픽이 열렸다. 1896년 그리스의 아테네에서 근대올림픽이 시작된 뒤 16회째 대회였다. 호주는 물론이고, 남반구에서 처음 열린 올림픽이다. 적도 아래에서 올림픽이 다시 열리려면 44년을 더 기다려야 했다. 2000년 시드니에서 27회 대회가, 2016년 리우데자네이루에서 31회 대회가 열렸다. 대한민국은 1948년 런던올림픽, 1952년 헬싱키올림픽에 이어 세 번째 올림픽 무대를 멜버른에서 맞고 있었다. 농구, 레슬링, 복싱, 사격, 사이클, 역도, 육상 종목에 선수 35명, 임원 22명이 참가했다. 김영기도 이들 가운데 한 명이었다.

    이미 이야기했듯이, 김영기는 어렵게 호주에 갔다. 그는 『갈채와의 밀어』에 "꿈에도 그리던 올림픽이었다."고 적었다. "사는 보람을 느끼는 듯했다."고까지 말했다. 하지만 고려대학교의 선배들이 그토록 당부한 '힘껏 싸울' 기회는 별로 없었다. 김영기는 '열 번째 선수'였다. 선배들의 시중을 들고, 양말을 빨고, 이부자리를 정리하고, 공을 지고 다니는 처량한 신세였다. 합숙훈련을 할 때부터 공을 짊어지고 다니는 선수는 김영기와 백남정이었다.[01] 이런 점에서 백남정은 김영기의 좋은 반려자였다. 이들의 우정은 노년에 이르도록 계속된다.

대한민국 남자농구 대표 팀은 우루과이, 불가리아, 자유중국(대만)과 함께 예선리그 C조에 편성됐다. 첫 상대는 자유중국이었다. 11월 22일 멜버른 왕립 전시관에서 열린 경기에서 대한민국은 76-83으로 아깝게 졌다.[02] 전반(28-42)에 뒤진 점수를 후반 맹추격(48-41)으로도 따라잡지 못했다. 이 경기에서 한국의 최다득점자는 '열 번째 선수' 김영기였다. 그는 20득점을 올려 안영식(12득점), 김영수(15득점)를 능가하는 득점능력을 확인했다. 놀라운 점은 김영기가 후반 20분만 뛰고도 팀 내 최다 득점을 기록했다는 사실이다. 그는 이때의 일을 『갈채와의 밀어』에 이렇게 적었다.

---

01 하지만 대회 기록을 보면 김영기나 백남정은 우리 대표 팀의 매우 중요한 선수로서 뛰어나게 활약했음이 분명하다. 김영기의 진술은 그가 품었던 포부에 비하면 주어진 기회가 너무 적었다는 뜻으로 읽힌다. 보다 큰 기회를 향한 열망은 성공하는 선수들의 공통점이다.

02 왕립 전시관(Royal Exhibition Building)은 1880년과 1888년 멜버른에서 개최된 국제 전시회를 위해 지은 건물이다.

농구장에서 첫날 경기로 시작된 자유중국과의 대전. 이 경기에서도 나는 점점 벌어지기만 하는 스코어 차를 마음 졸이며 바라보는 벤치의 후보 선수였다. 그런데 후반전이 시작되기 전에 김정신 코치가 나에게 손짓을 했다. 뜻밖의 일이었다. 나는 반신반의하며 후반전의 작전에 대한 주의를 들었다. 그리고 코트 안으로 들어갔다. 스코어가 어떻게 되었는지는 조금도 기억할 수 없다. 다만 벌어진 점수 차가 단축되어가며 관중의 알 수 없는 함성이 내 플레이의 호흡과 함께 터지고 있다는 것만 의식했다. 그리고 나는 만족할 수 있는 슈팅 성공률을 보이고 있다고 생각했다. 이날의 바스켓은 평상시의 바스켓보다 한 두어 배는 커 보였다. 나는 후반전이 다 끝날 때까지 한 번도 코트 밖으로 아웃되지 않았다.

김영기는 이 날 자신이 21득점을 기록했다고 적었다. 이 기록은 이 경기에서 최고 득점 기록이었으며 후반 20분만 뛰고도 기록한 수치여서 세계의 체육기자들이 놀라워했다는 것이다. 김영기의 활약은 외신을 통해 널리 보도되었고, 국내에도 보도되었다고 했다. 하지만 김영기의 기억은 사실과 약간 차이가 있다. 1956년 11월 24일자 동아일보, 같은 날자 조선일보 모두 김영기의 득점을 20점으로 보도하고 있다. 올림픽 관련 기록에도 이 날 김영기의 기록은 20

득점으로 남아 있다. 하지만 1점 차가 바꿔놓을 수 있는 것은 아무 것도 없다. 한국의 젊은 천재가 난생 처음 밟은 올림픽 코트에서 마치 오랫동안 그곳에 적응한 선수처럼 능숙한 경기를 했으며 세계인이 주목할 만한 경기를 했다는 사실이 중요할 뿐이다.

첫날의 맹활약에도 불구하고, 김영기는 이후로도 40분을 모두 뛰어보지 못했다. 이 일이 무척 아쉬웠던 모양이다. 그도 그럴 것이, 당시 뛰어난 선수들은 대개 '풀타임' 활약하기를 원했다. 주전급 선수들은 벤치에서 교체를 지시하면 예외 없이 불쾌한 내색을 했다. 농구선수나 축구선수나 마찬가지였다. 한참 뒤인 1977년 축구 대표팀의 한 베테랑 선수는 전반이 끝난 다음 감독이 교체를 지시하자 축구화를 던져버리고 태극마크를 반납해 버리기도 했다. 여론이 그를 동정했다. 세상이 달라지고 가치관이 변해서 요즘은 주전선수를 매 경기 풀타임 기용하면 대번에 '선수를 혹사한다.'는 비난을 듣기 십상이지만 김영기가 멜버른 왕립 전시관을 누빌 때는 그렇지 않았다. 아무튼 김영기는 『갈채와의 밀어』에서 볼 멘 소리를 했다.

나의 신장이 유럽 선수들과 대결하기에는 작다고 생각했는지, 코치는 나를 기용하지 않았다. 첫날의 첫 경기에서 나를 향하여 터졌던 박수소리는 다시 무위로 돌아가고, 나는 공을 짊어지고 잠자리의 침구를 개고, 양말을 빠는 선수로 돌아갔다.

경기결과	한국선수 득점	비고
대한민국 76:83 자유중국	안병석 9, 김영수 15, 조병현 8, 김영기 20, 고세태 5, 백남정 5, 최태곤 2, 안영식 12	C조리그
대한민국 58:89 불가리아	안병석 4, 김영수 2, 조병현 2, 김영기 11, 고세태 12, 백남정 12, 안영식 3, 김춘배 12	C조리그
대한민국 60:83 우루과이	안병석 6, 김영수 4, 김영기 13, 고세태 7, 백남정 17, 최태곤 4, 안영식 3, 김춘배 6	C조리그
대한민국 63:74 캐나다	안병석 10, 김영수 8, 김영기 10, 고세태 9, 백남정 7, 안영식 17, 김춘배 2	9-15위전
대한민국 67:83 일본	안병석 5, 조병현 10, 김영기 15, 고세태 5, 백남정 9, 최태곤 8, 안영식 7, 김춘배 8	9-15위전
대한민국 61:47 태국	안병석 13, 김영수 16, 김영기 4, 고세태 8, 백남정 4, 최태곤 2, 안영식 7, 김춘배 7	13-15위전
대한민국 79:92 싱가포르	안병석 22, 김영수 8, 조병현 2, 김영기 16, 고세태 7, 백남정 1, 최태곤 4, 안영식 10, 김춘배 9	13-14위전

표 1. 1956년 멜버른올림픽 기록(출처: FIBA)

한국은 11월 24일 불가리아에 58-89로, 26일 우루과이에 60-83

으로 져서 C조 최하위를 기록한 다음 9-15위 순위결정전으로 밀렸다. 순위결정전에서는 2그룹에 편성돼 캐나다와 일본을 상대했다. 11월 27일 캐나다에 연장접전 끝에 63-74로 졌고 28일 일본에는 67-83으로 졌다. 이제는 13-15위전. 11월 30일 태국을 61-47로 제압해 유일한 승리를 기록했지만 12월 1일 싱가포르에 79-92로 져서 14위에 만족해야 했다. 대표 팀은 '연전연패'라고 해도 지나친 표현이 아닐 정도로 고전을 거듭했다. 이러는 동안 김영기는 양말만 빨지 않았다. 그는 자유중국과의 경기 이후로도 대한민국 농구 대표 팀에서 가장 빛나는 선수였다.

김영기는 대회를 마치고 귀국했을 때 공항에서 진짜 박수를 받았다. 시민들은 가는 곳마다 그의 손을 붙들고 "김영기! 잘했다, 잘했어!"를 거듭했다. "어이, 김영기가 누구야? 그 후반전에만 스무 점 넣은 김영기가 누구야?"하고 찾는 시민도 있었다. 김영기는 농구영웅이 되어 개선한 것이다. 열광 속에 파묻힌 그를 주기선이 먼발치에서 지켜보고 있었다. 그윽한 미소가 얼굴에 가득했다. 김영기는 뒤늦게 주기선을 발견하고 허둥지둥 선배에게 달려갔다.

CISM 선수권 참가

　김영기는 국제용 선수였던 것 같다. 국내 경기에서도 뛰어난 기량을 발휘했지만 국제무대를 밟으면 물 만난 고기처럼 코트를 누볐다. 1956년 멜버른올림픽에서 경쟁력을 확인한 김영기는 2년 뒤 프랑스 니스에서 열린 세계군인선수권대회(CISM)에 참가한다. 1958년은 도쿄에서 제3회 아시아경기대회가 열리는 해였다. 두 대회가 같은 시기에 열리는 바람에 모두 참가할 수는 없었다. 김영기는 이 시기에 공군으로 복무하고 있었다. 따라서 세계군인선수권대회가 우선이었다. 그러나 대한체육회에서는 국가를 대표해서 경쟁하는 대회에 김영기가 꼭 참가해야 한다는 이유로 세계군인선수권대회 참가를 반대했다. 나중에는 김영기 뿐 아니라 군 복무중인 대표급 선수는 모두 아시안게임에 나가야 한다고 주장했다. 결과적으로는 백남정과 이종환 등이 아시아경기대회에 참가하고 나머지 선수들은 세계군인선수권대회에 나가게 되었다. 김영기는 마지막까지 논란 거리였던 모양이다. 조선일보의 1958년 5월 7일자 3면에 '색연필'이라는 문패 아래 관계기사가 보인다.

몸뚱이는 한 개 뿐인데 같은 시기에 일본과 프랑스의 두 곳에서 개최되는 각각 다른 농구대회에 참가해야 하게 된 선수가 생겨서 화제. 한 군데는 오는 24일부터 일본 도쿄에서 개최되는 제3회 아시아경기대회(농구참가)이고 또 한 군데는 오는 26일부터 프랑스 니스에서 개최되는 국제군인농구대회로서 여기에 얘깃거리가 된 주인공은 공군 소속의 김영기 선수라는 것. 내용인즉 대한체육회에서는 전 국민의 대표선수로서 아시아경기대회에 출전해야만 된다고 하고 국방부 측에서는 군인선수로서 군인농구대회에 참가해야겠다고 해서 국방부에서는 김영기 선수에 대한 국제군인농구대회 원정여권 수속을 하고 대한체육회 측에서는 아시아경기대회 원정여권 수속을 하고 있으니 걱정.

김영기에게는 군인대표 팀과 국가대표 팀에서 모두 유니폼을 지급했다. 외무부의 여권도 두 팀 소속으로 각각 발급되었다. 아시아경기대회에 출전하라는 대한체육회의 요구는 끈질겼다. 국방부

농구인 김영기

는 국방부대로 대한체육회와 각을 세우고 대립했다. 김영기는 이때 아시아경기대회에 나가고 싶었다고 한다. 그는 『갈채와의 밀어』에 아시아경기대회를 '아시아의 작은 올림픽'이라고 표현했다. 그러므로 "그 쪽이 더 권위 있는 대회였고, 기술도 더 배워볼 수 있을 것 같았다."고 했다. 물론 프랑스에서 열리는 세계군인선수권대회에 나가면 견문을 넓힐 수 있다고도 생각했다. 김영기가 저울질을 해서 결정할 수 있는 문제는 아니었고, 논란은 세계군인선수권대회에 나가는 방향으로 정리됐다. 김춘배, 김영수, 조병현, 백남정, 이종환, 조영호 등 군인대표 팀의 주력 선수들이 도쿄에 가게 됐다. 김영기는 천상희, 김동하, 강현성, 박남희, 문현장, 이경우, 김영원 등과 함께 프랑스로 갔다. 코치는 이상훈이었다.

김영기는 아시아경기대회에 출전하는 선수들이 1958년 4월 20일, 세계군인선수권대회에 출전하는 선수들이 같은 해 4월 25일에 출발했다고 『갈채와의 밀어』에 기록했다. 한데 조선일보의 1958년 5월 15일자 2면에 아시아경기대회 참가 선수단과 세계군인선수권대회 참가선수단의 일정을 확인할 수 있는 기사가 나란히 실렸다. 이 보도에 따르면 아시아경기대회(1958년 5월 24일부터 6월 1일까지 도쿄에서 열렸다. 아시아 20개국이 참가하였으며 참가 선수의 수는 1820명이다.)에 참가하는 우리 선수단은 5월 13일 밤 현지에 도착하였다. 일본까지는 하루 일정이므로 같은 날 출발했다고 보아야 정확하다. 세계군인선수권대회 참가선수단은 20일에 출발했다. 김영기가 참가한 세계군인선수권대회는 '국제군인체육위원회 주최 농구선수권대회'라고 해야 정확할 것이다. 김영기는 『갈채와의 밀어』 여러 곳에서 기억에 의존한 진술을 하는데, 상당 부분 정확하지만 이번 사례처럼 부정확한 경우도 아주 없지는 않다. 조선일보의 관련 보도는 다음과 같다.

> 우리 選手團 20日에 出發
>
> 國際軍人籠球戰
>
> 국군농구선수단 일행 15명은 단장 이백림(李伯林) 대령 인솔 아래 오는 26일부터 불란서 니스 시에서 국제군인체육위원회 주최로 개최되는 농구선수권대회에 참가하기 위하여 20일 장도에 오르게 되었는데 이번 대회에 참가하게 된 참가국은 미국, 불란서(프랑스), 벨쥼(벨기에), 스페인, 이란, 화란(네덜란드), 한국 등 7개국이라 한다. (괄호 안은 필자 주)

조선일보는 참가국이 7개국이라고 보도했지만 터키를 빠뜨렸다. 이 대목은 동아일보의 5월 17일자 3면 보도가 정확하다. 당시 동아일보 지면은 터키를 토이기(土耳其)라고 음역해 표기했다. 필자는 2023년 6월 현재까지 국제군인체육위원회 주최 농구선수권대회의 기록을 확인하지 못했다. 국내에는 대회 관련 기록이 없거나 남지

않은 것 같다. 국제군인체육연맹(International Military Sports Council)의 홈
페이지도 당시의 기록은 보여주지 않는다. 또한 이 대회를 당시 우
리 언론이 동행 취재한 것 같지 않다. 관련 기사는 'UPI=동양' 통신
을 거쳐 보도되었다. 보도 횟수도 많지 않다. 대회 참가 예정(조선일
보 4월 16일자 2면), 출발 기사(조선일보, 동아일보), 폐막 기사(조선일보 6월 3
일자 2면, 경향신문 6월 4일자 3면), 귀국 기사(조선일보 6월 13일자 2면) 등이
눈에 띈다.

　1958년 국제군인체육위원회 주최 농구선수권대회의 내용은 김
영기의 기록에 의존해 대강을 짐작하는 수밖에 없다. 김영기는 『갈
채와의 밀어』에서 경기 진행방식과 우리 대표 팀의 승패 및 경기 내
용을 비교적 자세히 알려주고 있다. 이 대회는 A, B조로 참가팀을
나눠 조별리그를 하고 그 성적을 토대로 순위 결정전을 했다. A조에
서는 미국 프랑스 스페인 벨기에, B조에서는 대한민국 이란 터키 네
덜란드가 순위를 다투었다. 대한민국은 첫 경기에서 터키에 1점차
(김영기는 '반 골'이라고 표현했다-필자 주)로 졌다. 김영기는 "타임아웃 몇
초를 남겨 놓고 귀중한 자유투를 둘이나 얻은 내가 전부 실패하여
터키 팀에 지고 말았다."고 안타까워했다. 이튿날 열린 2차전에서는
이란을 '열 골에 가까운 스코어 차로' 물리쳤다. 다음 상대인 네덜란
드에도 '다섯 골 이상의 승리'를 거두었다. 조별리그를 마친 김영기
는 "세계의 농구 수준으로 보아 우리들의 실력이 낮은 줄로만 알았
는데 의외에도 좋은 성적을 얻고 보니 코치도 놀랐고 우리도 놀랐

다."고 했다. 여기 김영기의 기록을 그대로 옮긴다.

결국 A조의 미국, 벨기에와 함께 B조에서는 한국과 터키가 결승전(결승 토너먼트를 뜻하는 듯하다–필자 주)에 진출하게 되었다. 결승전에 진출한 우리는 첫 번 경기를 미국과 치르게 되었다. 과연 미국의 농구는 놀라웠다. 리바운드를 거의 빼앗기다시피 하는 우리 팀은 악전고투 끝에 여섯 골 반(13점)의 스코어 차로 지고 말았다. 한편 B조의 터키는 벨기에에 참패를 당했다. 미국과 벨기에가 1, 2위 결승전을 벌이기 직전에 한국과 터키는 3, 4위 결승전을 벌이게 되었다. 예선전에 분패하였던 우리니 어떤 수단을 써서든지 터키를 이기고 싶었다. 결과는 네 골을 이기는 설욕전이 되었다. 결국 우리는 3위를 차지했다. 한편 아시아경기대회에 참가한 선수들은 4위에 입상했다는 소식이었다. 나중에 귀국해서야 들은 이야기지만 그때 중계 방송하던 모 아나운서가 "지금, 스코어는 바로 45대40! 우리 한국 팀, 지금 5점을 리드당하고 있습니다. 아아, 이 자리에 불란서의 군인대회에 참가한 김영기 선수만 있었던들, 우리는 가볍게 이길 수 있는 게임인 것 같습니다!"

농구인 김영기

경향신문의 6월 4일자 3면에 대회 폐막 기사가 보인다. 미국이 2일에 열린 결승전에서 벨기에를 76-48로 크게 이기고 우승했다는 소식과 한국이 3위를 차지했다는 소식을 전했다. 또한 종합순위를 알려주고 있다. 1위 미국, 2위 벨기에, 3위 대한민국, 4위 터키, 5위 프랑스, 6위 스페인, 7위 이란, 8위 네덜란드. 같은 지면에 아시아경기대회에 참가한 선수단 1진이 노스웨스트항공을 이용해 3일 오후 김포공항으로 귀국하리라는 예고 기사도 실렸다. 국제군인체육위원회 주최 농구선수권대회를 마친 우리 선수단은 주최 측에서 베푸는 관광길에 나섰다. 칸, 모나코를 거쳐 파리까지 둘러보는 일정이었다. 그해 12월. 경향신문은 23일자 4면에 '성좌'(별자리)라는 간판을 내건 스타 선수 소개 지면을 통해 김영기를 사진과 함께 크게 소개했다. 제목은 '아시아의 명인(名人)'이었다.

비약에 비약을 거듭, 아시아 제일을 자타가 공인하게 된 우리 농구계에 혜성과도 같이 나타난 선수가 공군 팀의 김영기 군. 23세가 되는 그는 농구선수 생활 불과 6년 만에 한국 구계(球界)뿐만 아니라 전(全) 아시아에서 명인의 칭호를 받게 되었다. 변화무쌍한 그의 푸트워크는 비연(飛燕)과도 같다. 김 군이 일단 볼을 치면 적 수비진을 뚫고 들어갈 때 아시아의 어느 나라 선수도 감히 막아낼 자는 없다. 전후좌우 문자 그대로 자유자재이다. 지난번 대만에서의 4국(한국, 중국, 필리핀, 일본) 농구 리그 때에 그가 보여준 기량. 매 게임마다 무인지경을 가는 듯 당장(當場)에 모였던 각국 코치와 국제농구계의 권위들로부터 '동양의 명인'이라고 이름 불렸던 것이다. "앞으로도 영원히 그를 따를 자 없을지도 모른다."고 극언, 김 군을 찬양한 외국 권위도 있었으니 그의 농구 기(技)야말로 궁극에 이른 것이리라. 배재고교 때 말없고 너무나도 평범했던 농구선수 김 군. 그는 고대에 들어가자 천분의 소질을 나타내기 시작하여 약관 19세로 당당 학생군 선발팀의 주력이 되었던 것이다. 3년 전 이미 한국의 올림픽 선수로 멜버른에 원정했으며 금년 5월에는 프랑스 니스에서의 세계군인대회에서 활약, 그리고 대만 원정. 이렇게 김 군은 우리의 호프로서 바삐 국제무대에 파견되었다. "입으로 설명할 수 없을 만큼 새로운 폼, 무엇인지 모르게 다른 선수는 추종할 수 없을 것 같은 몸가짐"이라고 사계(斯界)의 지도자들을 경탄케 하는 그는 앞으로 전 세계의 명인, 즉 '미스터 바스켓볼'의 칭호를 미국선수로부터 쟁취할 수 있을 것으로 기대케 한다.

농구인 김영기

요코하마 프리올림픽

김영기가 출전한 두 번째 올림픽은 1964년에 도쿄에서 열렸다. 대한민국 남자농구 대표 팀이 참가한 세 번째 대회이기도 하다. 우리 대표 팀은 1964년 9월 25일부터 10월 4일까지 일본 요코하마에서 열린 프리올림픽을 거쳐 본선 무대를 밟았다. 프리올림픽에는 대한민국을 비롯해 멕시코, 호주, 캐나다, 쿠바, 필리핀, 태국, 중국, 인도네시아, 말레이시아 등 지역예선을 통과하지 못한 10개국이 출전했다. 프리올림픽 참가 팀의 전적은 다음과 같다.

멕시코 8승1패
호주 8승1패
캐나다 7승2패
대한민국 5승4패

쿠바 5승4패

필리핀 4승5패

태국 3승6패

자유중국 3승6패

인도네시아 1승8패

말레이시아 1승8패

대한민국은 9월 25일 쿠바, 26일 호주, 27일 태국, 28일 캐나다, 30일 인도네시아, 10월 1일 멕시코, 2일 말레이시아, 3일 자유중국, 4일 필리핀과 잇달아 경기했다. 강행군이었다. 우리 대표 팀은 쿠바와의 첫 경기에서 파란을 일으켰다. 이 승리의 의미는 엄청나게 컸다. 대한민국은 쿠바와 5승4패로 동률을 이뤘지만 승자승 원칙에 따라(당시 조선일보 보도에 따르면 공방률, 즉 동률 팀 간의 골득실에서 앞서. 그러나 단판 경기를 했으므로 두 설명 모두 틀리지 않는다.) 4위를 차지해 도쿄 행 티켓을 손에 넣었던 것이다. 대체로 쿠바의 우세를 예상했지만 결과는 대한민국의 3골차(67-61) 승리. 전반을 25-32로 빼앗겼으나 후반 반격에 성공했다. 당시 신문의 보도를 비교해서 보면 다음과 같다.

한국 팀은 전반에는 25-32로 쿠바에 리드 당했으나 후반 들어서 전력을 정비, 김영기와 김인건의 콤비가 눈부신 활약을 보여 아슬아슬한 접전 끝에 전세를 완전히 만

농구인 김영기

회하여 67-61로 역전, 첫 승리의 개가를 올린 것이다. (조
선일보 9월 26일자 1면)

한국 팀은 장신의 쿠바에게 전반전을 리드 당했으나
후반에 접어들면서 올 라운드 맨투맨으로 쿠바의 공격
을 저지시켜 5분 만에 38-38 타이, 28분 만에 49-48로 전
세를 바꾼 후 아슬아슬한 리드를 지켜 개가를 올렸다. (동
아일보 9월 26일자 1면)

장신의 호주는 어려운 상대였다. 대한민국은 26일 요코하마 문
화체육관에서 열린 2차전에서 호주에 53-71로 져 1승1패가 됐다.
재일동포 응원단의 뜨거운 성원 속에 김영기의 활약으로 전반 10분
까지 14-9로 앞섰지만 시간이 지날수록 호주의 높이가 위력을 발휘
했다. 전반 17분 24-25로 첫 역전을 허용했고, 이후 시소게임을 거
듭하면서 32-33으로 뒤진 채 전반을 마쳤다. 후반 들어 우리 대표
팀에 악재가 겹쳤다. 팀의 리더인 동시에 주득점원인 김영기가 12
분에, 포인트 가드 김인건이 15분에 5반칙 퇴장당한 것이다. 조직력
과 외곽 슛으로 호주에 맞서던 대표 팀은 동력을 상실하고 패배의
수렁으로 빠져들었다.
대한민국은 27일 태국을 제압했으나 28일 캐나다에 져 2승2패
를 기록했다. 조선일보가 9월 29일자 5면에 비교적 자세히 두 경기

의 내용을 보도했다. 태국에는 74-62로 역전승했는데, 전반은 33-40으로 뒤졌다. 후반 들어 방열의 수비력이 빛났다. 방열은 후반 8분쯤부터 태국의 패스 길을 번번이 차단해 노 마크 레이업슛으로 연결함으로써 순식간에 경기의 흐름을 뒤집었다. 주도권을 빼앗긴 태국 선수들은 거친 플레이로 맞서다 무려 7명이 5반칙으로 물러나 대세를 그르쳤다. 이 무렵 태국 선수들의 거친 플레이는 동남아시아에 명성(?)이 자자했는데, 우리 남자농구는 1966년 방콕 아시안게임에서 홈팀 태국의 거친 플레이 때문에 아시아 정상에 오를 기회를 놓치고 말았다. 당시 대표선수였던 유희형이 『점프볼』에 남긴 회고록이 있다.

1966년 아시안게임 준결승에서 우리나라는 주최국 태국에 패했다. 심지어 한국의 선수, 임원, 응원단이 집단 폭행을 당하기도 했다. (중략) 농구 경기가 아니라 마치 격투기를 방불케 했다. 전반에는 우리나라 선수가 자제했지만, 후반에도 계속 얻어맞고 있을 수 없었다. 두 대 맞으면 한 대 때렸다. 집단 난투극이 벌어졌고 경기가 중단되었다. 우리나라 선수 중 김철갑은 치아 2개가 부러졌고, 이병국은 팔뚝이 찢어져 피를 흘렸다. 어이없는 것은 말리고 제지해야 할 경찰까지 합세하여 우리 선수단에 폭행을 가한 것이다. 이병희 대한농구협회장도 얻어

맞았다. 경기 중단이 선언되었다. 당시 점수로 우리나라
는 패했다. 그럼에도 태국은 우승하지 못했다. 이스라엘
이 태국을 대파하며 손쉽게 우승했고, 우리나라는 일본
을 꺾고 동메달을 차지했다.

캐나다와의 경기를 보도한 상보(詳報)는 자료로서 가치가 있다.
기사를 인용하되 맞춤법을 염두에 두고 옮기자면, "대한민국은 캐
나다의 장신에 눌려 전반 7분까지 4-18로 크게 리드 당했으나 하의
건이 사이드에서 점프슛을 계속 성공시켜 13분에 14-16으로 추격,
시소를 벌였다. 그러나 캐나다 팀은 장신을 이용, 공수의 리바운드
를 거의 독점하면서 자신 있는 투사와 탭슛 등으로 다시 점수 차를
벌려 전반을 34-26으로 앞섰다. 후반에 들어서면서 한국 팀은 체력
소모가 많은데다가 연전(連戰)의 피로까지 겹쳐 백코트가 느려지면
서 캐나다 팀의 속공을 막지 못해 6분에는 35-47로 크게 뒤졌다. 한
국 팀은 12분쯤 김종선과 정진봉이 리바운드를 잡아내면서 55-57,
1골 차로 쫓아가 보았으나 15분 정진봉, 17분에는 김인건이 각각 5
반칙으로 퇴장까지 당해 마지막 2분을 남기고 딜레이드 플레이로
나온 캐나다 팀에 끝내 65-73으로 분루를 삼키고 말았다."
조선일보의 보도는 우리 선수들의 득점 기록을 표로 정리해 기
사에 덧붙였다는 점에서 더욱 가치가 있다. 쿠바와의 경기를 보도
할 때는 전·후반 득점과 반칙 수를 표로 정리했다. 전반-후반 득점

(반칙 수)의 차례로 정리하면 다음과 같다. 김영일 2-11⑶, 김영기 13-16⑶, 문현장 2-0⑷, 김인건 6-5⑴, 정진봉 2-4⑶, 김종선 0-0⑷, 김무현 0-6⑵, 방열 0-0⑴. 태국과의 경기에서는 김영기 23, 김종선 12, 방열 10, 김영일 4, 김인건 14, 하의건 4, 문현장 3, 김무현 4 득점을 기록했다. 캐나다와의 경기 기록은 득점과 반칙 수를 보여준다. 여기서는 괄호 안에 반칙 수를 정리하겠다. 하의건 18⑸, 김영기 12⑵, 김종선 3⑴, 문현장 4⑵, 신동파 2⑽, 방열 4⑴, 김인건 12⑸, 김영일 2⑵, 정진봉 4⑸, 김무현 4⑽. 특기할 일은 김영기 이후 대한민국 남자농구 최고의 스타 자리를 이어받는 신동파가 대표 팀 경기에 이름을 올려놓았다는 점이다.

대한민국은 1964년 9월 30일에 벌어진 인도네시아와의 경기에서 103-85로 크게 이겼다. 경기는 요코하마 문화체육관에서 오후 1시30분에 시작되었다. 김영기는 이 경기에서 경기 막판 리딩 가드로서도 뛰어난 능력을 발휘했다. 대한민국은 김영기가 첫 골을 성공시켜 리드를 잡으면서 슛 컨디션이 좋지 않은 인도네시아를 처음부터 제압, 전반 5분 만에 11-4로 앞섰다. 방심을 했는지 갑작스럽게 패스 미스가 잦아진 15분쯤엔 인도네시아의 속공에 말리면서 31-31로 이날 처음이자 마지막 동점을 허용하기도 했다. 그러나 신동파와 김인건의 슛이 불을 뿜으면서 고비를 벗어났고, 전반을 45-37로 앞선 채 마쳤다. 김영기는 전반에만 4반칙을 기록해 후반에는 벤치에서 경기를 시작했다. 우리 팀은 신장 면에서 인도네시

농구인 김영기

아를 압도했기에 센터 김영일이 골밑에서 많은 득점 기회를 만들었다. 후반 12분, 점수 차는 79-63으로 벌어졌다. 13분쯤 포인트가드 김인건이 5반칙으로 물러나자 김영기가 1번 자리에 투입됐다. 김영기 25(4), 신동파 15(3), 김종선 2(4), 김무현 8(3), 김인건 12(5), 방열 3(0), 정진봉 0(1), 하의건 14(1), 김영일 20(1), 문현장 0(1), 이병구 2(1), 김승규 2(1).

대한민국은 10월 1일 요코하마에서 멕시코에게 역사에 길이 남을 역전패를 당한다. 요즘 흔한 표현대로라면 버저비터를 맞고 무너진 것이다. 75-76. 다 이긴 줄 알았지만 역시 승부는 '끝날 때까지 끝난 게 아닌' 것이다. 우리 팀은 전반을 38-30으로 앞섰다. 멕시코는 우리의 1-3-1 지역수비를 깨뜨리지 못했고, 외곽슛으로 돌파구를 마련하려 했으나 여의치 않았다. 멕시코의 공격 실패는 대한민국의 속공으로 이어졌다. 후반 11분 김영기와 김영일이 5반칙 퇴장당할 때까지 한국은 60-46으로 리드했다. 주포와 골밑의 기둥을 잃은 뒤에도 김인건-신동파의 슛이 잇달아 터졌다. 16분쯤 스코어는 71-60. 멕시코는 이때부터 전면 강압수비로 승부를 걸었다. 한국은 상대의 파울로 자유투를 많이 얻었으나 불행히도 성공률이 낮았다. 포워드 문현장이 75-73으로 쫓긴 경기 종료 30초 전과 75-74로 앞선 종료 8초 전 얻어낸 자유투를 모두 실패했다.

결승점이 터지는 장면은 기록에 따라 약간 차이가 있다. 동아일보는 1964년 10월 1일자 1면에 "최후 순간까지 경기를 리드했으나 마지막 2초를 남기고 전세를 역전당해 75-76, 1포인트 차로 승리의 문전에서 안타까운 고배를 들었다."라고 보도했다. 조선일보는 10월 2일자 3면에서 "버저 소리와 함께 멕시코 팀의 필드 골이 극적으로 성공함으로써 완전히 이겼던 게임을 통분하게 놓치고 말았다."고 설명했다. 김영기는 다르게 기억했다. 대한민국은 77-76으로 앞서고 있었고, 타임아웃을 알리는 버저가 울렸으며 우리 팀 벤치와 재일동포 응원단은 만세를 부르며 자리에서 일어났다. 그때 멕시코의 '8번 선수'가 혹 슛을 날렸는데 공이 날아가는 궤적을 바라보는 우리 선수들은 직감적으로 노골을 예감했다는 것이다. 그러나 공은 림 위를 맴돌다가 그물을 휘감으며 떨어져 내렸다. 김영기는 『갈채와의 밀어』에 한국이 77-78로 졌다고 기록했다. 필자는 김영기가 스코어를 잘못 기억했지만 경기의 내용과 역전의 순간은 정확하게 표현했다고 판단한다.

대한민국 선수들은 모두 코트 바닥에 주저앉았다. 우루과이 심판이 골을 선언하려는 순간, 심판을 향해 달려가는 우리 선수가 있었다. 방열이었다. 그는 높이 올린 두 손을 꽉 붙잡고 심판을 끌어안았다. 그리고는 흐느끼며 울부짖었다. "안 돼요! 안 돼요!" 우리말을 모르는 심판도 딱한 표정을 지었다. 희비가 교차하는 코트 한가운데서 우루과이 심판을 끌어안고 눈물을 흘리는 방열의 몸부림은 대한민국 선수단과 응원단의 마음을 대변하고 있었다. 다음 경기의 운영을 맡은 헝가리 심판이 방열을 달래기 위해 다가갔다. 방열은 그 심판마저 끌어안았다. 대한민국 선수단이 퇴장할 때, 김영기의 눈에 끝까지 관중석을 지키는 한 여인이 들어왔다. 재일동포 여성의 곱게 화장한 얼굴은 눈물로 뒤범벅돼 있었다. 이 패배로 대한민국은 3승3패를 기록, 본선 진출을 장담하기 어려운 처지가 됐다. 김영기 18(5), 하의건 12(3), 신동파 17(3), 김영일 14(5), 김종선 3(2), 문현장 0(0), 김무현 2(0), 방열 3(0), 김인건 6(5).

말레이시아는 쉽게 이겼다. 10월 2일 열린 경기에서 118-80으로 승리, 4승3패로 쿠바와 동률을 이뤘다. 쿠바와 대한민국이 도쿄로 가는 마지막 티켓 한 장을 겨루는 형국이었다. 김영기 29(0), 신동파 24(0), 하의건 0(4), 이병구 2(0), 김종선 14(2), 문현장 1(1), 김무현 4(4), 방열 1(1), 김인건 10(2), 김영일 14(4), 정진봉 19(2). 3일에는 자유중국을 93-71로 격파했다. 5승3패. 쿠바도 태국을 83-56으로 누르고 한국과 승패를 맞췄다. 김영기 28(0), 하의건 15(2), 김무현 2(1), 신동파 16(3), 방열 2(0), 김인건 10(3), 김영일 20(1), 김종선 0(1). 10월 4일, 우리 대표 팀은 오랜 라이벌 필리핀에 58-90으로 참패했다. 한국의 패배는 먼저 열린 경기에서 쿠바가 캐나다에 63-72로 져 본선진출을 확정한 이후여서 최선을 다하지 않았다는 데 원인이 있다. 동아일보는 1964년 10월 5일자로 호외를 발행해 대한민국의 올림픽 본선 진출을 보도했다. 조선일보는 10월 6일자 5면 머리기사로 보도하면서 우리 선수들의 득점과 반칙 수는 보도하지 않았다.

프리올림픽 경기결과	한국선수 득점
대한민국 67:61 쿠바	김영기 29, 김영일 13, 문현장 2, 김인건 11, 정진봉 6, 김무현 6
대한민국 53:71 호주	김영기 20, 김인건 14, 김무현 5, 김영일 2, 김종선 2, 문현장 2, 방열 2, 신동파 2, 정진봉 2, 하의건 2
대한민국 74:62 태국	김영기 23, 김종선 12, 방열 10, 김인건 14, 김영일 4, 하의건 4, 문현장 3, 김무현 4
대한민국 65:73 캐나다	김영기 12, 하의건 18, 김인건 12, 김종선 3, 문현장 4, 신동파 2, 방열 4, 김영일 2, 정진봉 4, 김무현 4
대한민국 103:85 인도네시아	김영기 25, 김영일 20, 신동파 15, 하의건 14, 김인건 12, 김무현 8, 방열 3, 김종선 2, 이병구 2, 김승규 2
대한민국 75:76 멕시코	김영기 18, 신동파 17, 김영일 14, 하의건 12, 김인건 6, 김종선 3, 방열 3, 김무현 2
대한민국 118:80 말레이시아	김영기 29, 신동파 24, 정진봉 19, 김영일 14, 김종선 14, 김인건 10, 이병구 2, 문현장 1, 김무현 4, 방열 1
대한민국 93:71 자유중국	김영기 28, 김영일 20, 신동파 16, 하의건 15, 김인건 10, 김무현 2, 방열 2
대한민국 58:90 필리핀	김영기 13, 김무현 16, 신동파 12, 김인건 5, 장진봉 4, 이병구 4, 하의건 2, 김영일 2

표 2. 1964년 프리올림픽 기록(출처: FIBA)

농구인 김영기

올림픽이 인정한 '아시아 제일'

　김영기가 요코하마 프리올림픽에서 기록한 총득점은 경향신문의 1964년 10월 5일자 7면 인터뷰, 조선일보의 10월 6일자 3면 박스 기사를 통해 확인할 수 있다. 보도에 따르면 김영기는 9경기에서 197점을 기록하였다. 경기당 21.9득점이다. 김영기가 출전한 여러 국제대회 가운데, 그의 개인득점 기록을 모두 확인할 수 있는 대회는 두 차례 올림픽(멜버른과 도쿄)과 요코하마 프리올림픽이다. 매 경기 김영기의 득점기록을 보도한 신문 덕분에 우리는 오늘날 한 시대를 지배한 위대한 선수가 세계를 상대로 싸운 결과를 확인하고 그 눈부신 기량을 상상해 볼 수 있는 것이다. 이런 점에서 경기 현장을 취재하는 미디어의 기록과 숫자에 대한 책임감이 얼마나 중요한지 다시 한 번 증명된다.

　숫자를 대하는 미디어의 태도는 우리나라에서 프로스포츠가 뿌리를 내리기 시작한 뒤 매우 진지해졌다고 본다. 필자는 축구전문 기자인 김덕기, 농구전문기자인 이병진 선배들에게서 스포츠에 있어 숫자의 의미와 가치, 필수불가결함을 배웠다. 그러나 한 번도 그분들처럼 철두철미하고 치열해 보지는 못했다. 아주 불행한 일이지만 필자는 인간과 영감(靈感), 숙명, 혼(魂)과 의지 같은 추상적인 것들에 자주 이끌렸다. 아무튼 현대 스포츠는 틀림없이 숫자와 관련이 있다. 골프나 야구 같은 종목에서 숫자를 빼면 뭐가 남겠는가? 숫자는 선수의 경기력을 보여주는 지표로서 매우 신뢰할 수 있다. 물론 정량평가의 약점이나 맹점을 부인할 수는 없지만.

대한민국 남자농구의 올림픽 본선 진출을 계기로 김영기에 주목한 기사가 폭발적으로 여러 신문을 장식하고 있다. 10월 5일자 경향신문 7면의 인터뷰 기사 대문은 '세계의 얼굴', 기사 제목은 '조금만 더 컸더라면'이다. 같은 신문 6면에는 '요코하마에 빛 남긴 동양 굴지(東洋屈指)의 호프'라는 제목 아래 큼직한 사진 한 장 실렸다. 사진설명은 '아가씨의 손길에 둘러싸인 농구예선의 히어로 김영기 선수. 한국의 본선 진출이 확정되자 그는 수많은 국내외 팬으로부터 수급(首級-으뜸. 필자 주) 공로자로서 환성을 받았다'고 되어 있다. '클로즈업'이라는 대문을 건 조선일보의 10월 6일자 3면 인물난(欄)에는 '이 사람이 김영기 선수다'라는 기사가 실렸다. 먼저 경향신문의 인터뷰 기사를 보자.

本選진출로 이끈 金永基 선수 5分間 인터뷰

요코하마 농구예선 리그에서 한국을 본선으로 이끈 사나이는 김영기였다. 키가 조금만 더 컸더라면 세계 베스트멤버로 손색이 없다는 전문가들의 평이 이를 잘 뒷받침해 주고 있다.

"여러 번 국제무대에서 싸워보았습니다. 그러나 올림픽 대회에 나가기는 이번이 처음입니다. (사실과 차이가 있다. 이미 기술한 대로 김영기는 멜버른올림픽에 출전했고, 도쿄올림픽은 그의 두 번째 올림픽 무대였다.-필자 주) 앞으로도 힘껏 싸우겠습니다."

본사 기자와 단독으로 만난 김 선수는 이렇게 다짐했다. 이번 리그에서 농구만능선수라고 전문가들의 주목을 끈 김영기 선수는 197점을 얻어 개인득점에서도 단연 수위였다.

"첫날 대 쿠바 게임에서 저는 옆구리와 왼쪽무릎에 상처를 입었습니다. 그리고 김영일 군도 눈에 부상을 입고…. 아무튼 전반 게임을 저는 문자 그대로 만신창이가 된 채 이를 악물고 싸웠습니다. 아마추어 스포츠 선수들이 왜 그렇게 러프한 플레이를 하면서까지 상대선수들을 골탕 먹이는지 이해가 가지 않습니다."

아직도 몸의 컨디션이 정상이 못 된다는 김영기 선수

는 "본선 진출로 선수들의 정신상태가 갑자기 풀려 이런 창피를 당하게 되었다."고 파이널 게임에서 대패당한 분이 삭지 않은 채 의미 깊은 숨을 몰아쉬었다. 본선에 진출한 것은 코치와 동료선수들의 굳게 뭉친 팀워크 그리고 동료들의 뜨거운 성원 때문이었다고 겸손을 보이며 "2m에 가까운 장신 선수들이 가로막고 있으면 앞이 캄캄하더군요. 그런대로 우리 선수들은 연일 격전을 한 뒤라 피로에 몰렸고. 스태미나와 테크닉 그리고 신장 면에서 모두 뒤떨어진 것은 숨길 수 없는 것 같습니다. 다만 태극기를 손에 들고 연일 목이 터져라 성원해준 교포들의 뜨거운 동포애 때문이라고 할지…. 본선에 진출하게 된 것은 기쁠 뿐입니다."

집에서는 외아들로 태어났고 직장(企銀)에서는 모범행원으로 그리고 코트에서는 공방에서 뛰어난 플레이어로 갈채를 받는 김영기 선수.

"참 많이 배웠고 동남아 선수들의 비할 바 없이 폭넓은 시야에 놀랐습니다. 그러나 제가 키가 작다고 열등의식을 갖진 않습니다. 생각한들 소용없지 않습니까. 어떻게 하면 그 키가 큰 선수들을 맞아 잘 싸울 수 있나 하는 생각으로 저의 마음은 가득 찼습니다." (후략)

조선일보의 '클로즈업' 기사는 작은 제목 세 줄로 김영기를 소개하고 있다.

> 이름 석 자 世界에 떨친 '東洋 第一'
> 個人得點 第2位…中學 2學年부터 籠球 시작
> '키 작은 天才'…妙技로 長身을 꺾어

내용을 조금 읽어보자

"이번 요코하마 예선에서 가장 우수한 선수를 고른다면 나는 한국의 김영기 선수를 들겠습니다."

"나의 견해로는 한국의 김영기 선수가 이번 예선전에서 최고의 선수라고 확신합니다."

도쿄올림픽 출전자격을 얻기 위한 요코하마 농구예선대회가 끝난 4일, 오스트레일리아 팀의 코치 넬러 씨와 캐나다 팀의 인골드슨 코치는 이렇게 입을 모아 김영기 선수를 격찬했다. 이미 해외원정을 통해 아시아 제일이라고 알려졌던 우리의 젊은 자랑 김영기 선수는 이번 요코하마 예선을 통해 세계적인 플레이어로 각광을 받았다. (중략)

1m78- 농구선수로서는 동양인으로도 비교적 작은 키

에 속하는 그가 2m가 넘는 장신의 외국선수들 틈바구니
를 뚫고 교묘한 드라이브 인을 감행할 때, 그리고 깨끗하
게 집어던지는 중거리 슛이 바스켓을 빠져 내릴 때, 관중
들은 넋을 잃고 그에게 그저 박수와 함성만을 보냈다. (후
략)

이때가 김영기 농구의 전성기 아니었을까? 그의 영광의 시간들.
대한민국 남자농구는 1969년과 1970년에 아시아농구선수권대회와
아시아경기대회를 잇달아 석권하면서 비로소 아시아 정상으로 발
돋움한다. 이 영광의 순간을 함께 한 선수들은 김영일, 김인건, 이인
표, 신동파, 유희형 등이다. 김영기는 한 시대를 수놓은 이들 전설들
의 등장에 앞서 선지자이거나 예언자처럼 기틀을 다진 존재, 우리
농구의 가능성을 증명한 천재로서 우뚝하다. 조금 과장하자면, 김
영기는 우리가 살아온 한 시대에 의미를 부여한 아이콘으로서 지도
자적 위치에 도달한 스포츠 영웅일 아닐까. 필자가 이런 생각을 굳
혔을 때는 경향신문의 1964년 10월 8일자 1면 '여적(餘滴)' 난에 실
린 글을 읽은 다음이다.

올림픽 붐은 농구예선에서 열을 올리기 시작했었다.
어디를 가나 농구예선전의 그 중계방송 이야기였다. 멕
시코 팀에 한 점 차로 패배하였을 때는 직장에서 잠시 일

손들을 멈추고 멍하니 앉아 있었다는 이야기도 있다. 그러나 그보다도 더 재미있는 것은 라디오의 중계방송을 듣던 시민들의 여론이었다.

　시장 길가에 있는 라디오방 스피커 앞에 모여 있던 사람들은 제각기 관전평(?) 한 마디씩 했다. 아마추어 팬들의 평은 물론 유치했지만 무언가 마음을 찌르는 데가 있었다. 한국인은 절대로 외국인들에게 뒤지지 않는다는 신념이 그들의 공통적인 견해였다.

　"스포츠는 세계적인 수준이에요. 남들은 돈을 물처럼 쓰면서 선수들을 훈련시키지만 우리는 어디 그렇습니까? 그래도 곧잘 하거든요."

　"스포츠뿐만 아니라 노래도 잘 불러요. 김시스터즈니 김치캐츠니 해서 미국의 흥행가(興行街)에서 한판 단단히 붙고 있거든요."

　농구 이야기가 연예계로 비약한다. 그러자 이번에는 또 학생 차림의 청년이 한마디 한다.

　"불란서(프랑스-필자 주) 국전에서 대통령상을 탄 것도 한국인 아닙니까? 그리고 지금 『순교자(殉教者)』라는 소설이 미국 독서계를 휩쓸고 있는데 그 작가 역시 한국인(김은국-필자 주)이거든요."

　소박한 민족우월론이 설왕설래하고 있을 때 실직자처

럼 보이는 남루한 중년 신사 하나가 못을 박았다.

"옳은 말씀이오. 그러고 보면 우리나라에서 제일 못하는 것이 정치 아니겠소."

좌중에선 웃음이 터져 나왔다.

"천만에… 정치도 남한테 지지 않아요. 그렇게 엉터리 없이 정치를 하면서도 그들은 굶어죽지 않고 누구보다도 잘 살거든요. 그게 다 재주지요. 외국 같으면 아마 그런 정치가들은 모두 쫓겨났을 텐데, 그러고서도 큰소리는 혼자 치는 것을 보면 어디 보통 솜씨입니까?"

갑자기 좌중은 조용해졌다. 무엇인가 제각각 설움들이 복받쳐 올라왔던 모양이다. 단순한 농이 아니라, 뼈가 있는 말들이었다. 농구 이야기만은 아닌 것 같다. 우리 화제의 대부분은 정치로써 결론을 맺는다. 정치의 빈곤, 지도자의 빈곤… 거의 숙명적인 과제인 것 같다. 모 출판사에서 나온 현대위인선집에는 처칠, 드골, 네루, 막사이사이, 맥아더의 회고록들이 나온다. 그것을 읽어가며 느낀 것은 역시 한국에서 가장 부족한 것이 있다면 그것은 정치가의 역량이라고 생각되었다. 연예계나 체육계의 위인들은 더러 있다. 과연 김영기만큼이라도 국민들의 칭찬과 신뢰를 받는 정치가가 우리 주변에 있을 것인가?

농구인 김영기

9전9패, 1964 도쿄올림픽

1964년 도쿄올림픽은 10월 10일부터 24일까지 열렸다. 대한민국은 17개 종목에 154명을 파견해 은메달 2개와 동메달 1개를 따냈다. 정신조가 권투, 장창선이 레슬링에서 은메달을 획득했고 김의태가 유도에서 동메달을 기록했다. 대규모 선수단을 파견한 데 비하면 기대에 미치기 어려운 성과였다. 극적으로 본선에 진출한 대한민국 남자농구의 성적도 좋지 못했다. 16개 참가국 가운데 최하위를 했다. 예선 B조 리그에서 미국, 브라질, 유고슬라비아, 우루과이, 핀란드, 호주, 페루를 상대해 전패를 당했다. B조 경기결과와 우리 선수들의 득점 기록은 표와 같다.

김영기는 B조 리그 7경기에서 평균 16.9득점을 기록했다. 5년 뒤 한국이 아시아 정상에 도달할 때 주포를 맡는 신동파는 아직 성숙하지 않았다. 득점 부문에서 하의건과 김무현, 김인건의 영향력이

더 컸음을 기록을 통해 알 수 있다. 13-16위전으로 떨어진 대한민국
은 헝가리에 83-99(전반 43-38)로 져 15위 결정전으로 추락했다. 마지
막 경기에서 페루에 다시 한 번 66-71(전반 31-37)로 져 꼴찌를 면치
못했다. 헝가리와의 경기에서 김영기는 무려 31점을 쏟아 부었다.
하의건(9), 김종선(2), 김무현(13), 신동파(7), 김인건(14), 김승규(1), 정
진봉 (6). 페루와의 경기에서는 김영기(24), 하의건(7), 김종선(2), 김무
현(4), 신동파(14), 방열(1), 김인건(4), 정진봉(10) 등의 기록이 남았다.
대회를 통틀어 김영기의 득점은 경기당 19.2점에 이른다.

B조 경기 결과	한국 선수 득점
대한민국 72:80 핀란드 (31:37)	김영기 18, 하의건 10, 김종선 6, 김무현 4, 신동파 12, 김인건 15, 김영일 5, 김승규 2
대한민국 64:105 우루과이 (29-66)	김영기 23, 하의건 14, 김종선 3, 김무현 11, 신동파 2, 김인건 4, 김영일 4, 김승규 2, 정진봉 1
대한민국 65:92 브라질 (24-51)	김영기 16, 하의건 14, 김종선 2, 문현장 1, 김무현 3, 신동파 6, 방열 4, 김인건 4, 김영일 12, 정진봉 3
대한민국 58:65 호주 (19-31)	김영기 17, 하의건 2, 김무현 18, 신동파 10, 김인건 11
대한민국 57:84 페루 (20-41)	김영기 14, 하의건 4, 김종선 8, 김무현 12, 신동파 3, 김인건 4, 김영일 6, 정진봉 6

농구인 김영기

대한민국 66:99 유고슬라비아 (30-47)	김영기 22, 이병구 2, 김무현 12, 신동파 18, 김인건 6, 김영일 4, 정진봉 2
대한민국 50:116 미국 (23-70)	김영기 8, 하의건 6, 이병구 2, 김무현 5, 신동파 8, 방열 2, 김인건 12, 김영일 3, 정진봉 4

표 3. 1964년 도쿄올림픽 기록(출처: FIBA)

경기력의 차이가 선명했다고 해도 9전 전패 최하위라는 성적은 결코 유쾌할 수 없다. 도쿄올림픽 본선이나 대회가 끝난 다음 김영기와 관련해 눈에 띄는 기사가 보이지 않는다. 다만 1964년 12월 19일자 동아일보의 송년 기획인 듯한 7면 연재 난에 작은 박스 기사 하나가 게재되었다. 대문은 '1964년 화제의 주인공들'이다. 기사 제목은 '동양의 골게터 김영기 선수.'

지난 9월 도쿄올림픽 요코하마 농구예선대회 때 요코하마문화체육관에는 김영기 선수의 이름이 체육관을 진동했다. 검은 유니폼을 입은 선수들이 움직였다. 그 가운데도 키가 작은 김 선수-곡선을 그리면서 드리블, 패스 이어 김 선수에게로 다시 패스, 김 선수의 슛 골인. 전광 게시판에 불어가는 한국의 득점수. 우레와 같은 박수. 또다시 체육관을 진동시키는 김 선수의 이름. 잘 싸웠다 한국선수. 잘 싸웠다 김영기. 우리나라가 올림픽 농구본선

에 출전하기는 도쿄올림픽이 처음이었다. (어떤 일인지 이
당시 언론은 1956년 멜버른올림픽 출전 사실을 인지하지 않고 있다.-
필자 주) "만일 김영기가 없었다면 한국은 평범한 팀에 불
과하다."는 캐나다의 앨런 리 코치의 말은 결코 과장된
말은 아니었다. (후략)

아시아선수권대회와 아시아경기대회

한국 남자농구는 세계선수권대회와 올림픽 외에 아시아남자농구선수권대회와 아시아경기대회를 중요한 대회로 여겼다. 김영기는 1960, 1963, 1965년 아시아남자농구선수권대회와 1962년 아시아경기대회에 출전했다. 1956년 멜버른올림픽에 출전해 경쟁력을 확인한 김영기는 군복무중이어서 1958년에 프랑스 니스에서 열린 세계군인선수권대회(CISM)에 참가하느라 도쿄에서 열린 제3회 아시아경기대회에 출전하지 못했다. CISM 대회 기록은 대한민국이 3위를 기록했다는 각 언론의 간략한 보도뿐이다(조선일보, 1958년 6월 6일).

날짜	상대	득점	비고
11월 21일	말레이시아	34득점	동아일보
11월 22일	홍콩	33득점	동아일보
11월 23일	싱가포르	25득점	경향신문
11월 24일	베트남	40득점	동아일보
11월 30일	자유중국	32득점	조선일보
12월 1일	필리핀	22득점	경향신문, 조선일보
12월 2일	태국	15득점	경향신문

표 4. 1963년 아시아선수권대회 기록

김영기가 출전한 여러 국제대회 가운데, 그의 개인득점 기록을
공식적으로 확인할 수 있는 대회는 1958년 멜버른올림픽과 1964년
도쿄올림픽, 1964년 요코하마에서 열린 프리올림픽 등 3개 대회다.
나머지 대회의 기록은 당시 언론의 산재한 보도를 모아 대개는 부
분적으로 알 수 있다. 1960년에 열린 아시아선수권대회(필리핀)에서
는 9경기에서 256득점(경기당 28.4득점)을 기록했고(동아일보, 1960년 1월
29일), 특히 1월 28일에 열린 일본과의 경기에서 41득점을 기록했으
며 기자단 투표로 결정하는 대회 베스트5에 뽑혔다(동아일보, 1960년 1
월 30일). 1962년 아시아경기대회(인도네시아)에서는 8월 27일 일본에
65-74로 진 경기에서 김영기가 팀 내 최다득점인 28득점을 기록했

다는 기사가 보인다(동아일보, 1962년 8월 28일). 9월 4일에 열린 태국과의 경기에서는 22득점했다(조선일보, 1962년 9월 4일).

1963년 11월 20일부터 12월 3일까지 타이베이에서 열린 아시아 남자농구선수권대회에서 김영기는 7경기에서 201득점을 기록해 경기당 28.7득점을 기록했다. <표4 참조> 1965년 말레이시아의 쿠알라룸푸르에서 열린 아시아선수권대회의 기록은 3경기만 남아 있다. 김영기는 12월 2일 태국을 상대로 25득점(경향신문, 1965년 12월 3일), 12월 5일 필리핀을 상대로 20득점(조선일보, 1965년 12월 7일), 12월 7일 자유중국을 상대로 20득점했다(동아일보, 1965년 12월 8일).

IV

PEOPLE

김영기를 괴롭힌 선수들

김영기는 도쿄올림픽을 계기로 한국 남자농구, 나아가 한국 스포츠를 상징하는 인물이 되었다. 그가 등장한 이후 경쟁자는 없었다고 보아도 무방하다. 이러한 평가와는 별도로, 김영기는 『갈채와의 밀어』에 자신과 동시대를 누빈 몇몇 선수를 언급하고 있다. 그는 선수들을 두 종류로 나누었다. 첫째는 '나를 괴롭힌 선수들', 둘째는 '나를 도와준 선수들'이다.[01] 김영기를 괴롭힌 선수는 김춘배, 박남희와 'S팀 K' 그리고 필리핀의 에드 오캄포이다. 김영기를 도와준 선수로는 이경우, 주기선, 문현장, 박남희, 천상희, 이규창이 꼽혔다. 박남희가 괴롭힌 선수와 도와준 선수 명단에 함께 들어 있는 것이 눈에

---

01 『갈채와의 밀어』의 1부는 '다하지 못한 도전', 2부는 '그리운 인간산맥(人間山脈)' 이다. 2부의 첫 장은 '그 선수들'이며, 가장 먼저 '나를 괴롭힌 선수들'이 등장한다. 그 다음으로 소개되는 인물군(群)이 '나를 도와준 선수들'이다.

떴다. 김영기가 자신을 괴롭힌 선수를 먼저 기술한 데는 이유가 있을 것이다. 김영기는 다음과 같은 설명으로 이야기를 시작한다.

나의 구력(球歷) 10여 년. 그 동안 내가 만난 선수들은 참으로 많다. 그 중에는 피가 다르고 외모가 다른 외국 선수도 있고, 또 나와 같은 얼굴이며 같은 민족이면서 억척스럽게 싸운 선수도 있다. 며칠 전까지는 나와 같은 팀이었으면서도 오늘은 다른 유니폼으로 갈아입고 코트 안에서 고양이와 개처럼 싸운 선수도 있다. 밖에서 만나면 다정한 친구고 선배 후배지만 코트 안에서는 처음 보는 남처럼 싸운 선수도 있다. 간단히 적고 싶다. 나를 괴롭힌 선수. 나 때문에 희생된 선수. 팀의 명예를 걸고 나의 플레이를 저지하던 미웠던 선수. 나를 스타플레이어로 만들기 위하여 자기의 플레이를 감췄던 선수. 모두 지금은 한결같이 내 마음 속에 살아 있다. 모두 나의 곁에서 나의 플레이를 발전시키는 데 큰 역할을 했다.

김춘배

김영기는 자신을 괴롭힌 선수로 김춘배를 첫손에 꼽았다. 김춘배는 5년 선배로, 학생 시절에는 김영기를 무척 아꼈다고 한다. 김영기가 고려대에 다닐 때는 함께 개인훈련을 하던 사이였다. 재능을 타고난 편은 아니지만 무던히도 노력하여 대표급 선수로 성장한 선수였다. (김영기는 '나처럼'이라고 표현했다.) 김춘배는 팀이 갈리자 태도가 180도로 달라졌다. 김춘배는 산업은행으로 갔고, 김영기는 공군 팀에 입대하면서 경쟁을 피할 수 없게 된 것이다. 김영기와 김춘배는 가드와 포워드로 활약했기 때문에 경기가 벌어지면 정면대결이 불가피했다. 처음에는 김춘배의 경험과 노련미가 김영기를 불편하게 만들었다. 김영기는 1960년 5월 군산에서 열린 종별선수권대회 준결승전을 잊지 못한다.

김영기는 이 경기에서 전반 내내 김춘배의 수비에 막혀 5득점에 머물렀다. 경기당 35득점을 기록하던 김영기가 김춘배의 철통 수비를 뚫지 못한 것이다. 김춘배는 김영기가 골밑에서 시도하는 슛까지 쳐내버렸다. 개인훈련을 함께 하면서 김영기의 움직임을 익힌 결과, 장단점을 훤히 꿰뚫고 있었던 것이다. 김영기는 상대 선수의 타이트 맨투맨 수비를 즐기는 공격수였다. 기술이 뛰어났기 때문에 상대의 수비를 화려한 드리블로 무력화시키고 바스켓을 공략하는 농구를 즐겼다. 이런 경기 스타일을 아는 김춘배는 한 걸음 물러서서 김영기의 드리블 돌파에 대비했다. 김영기는 이런 수비가 얼마나 싫었는지 '질색'이라고 표현했다. 수비가 내게서 떨어지면 점프슛을 던지는 것이 정석이다. 김영기는 점프슛을 좋아하지 않았다. 기술을 사용해서 바짝 달라붙은 수비선수를 털어내고 묘기를 부려서 골을 넣어야 직성이 풀렸다. 한 걸음 물러서서 길목을 지키는 김춘배의 수비는 김영기에게 악몽이 되었다.

　　김 선배는 나의 농구선수 생활 중에 제일 심한 징크스
였다. 심지어는 김 선배와의 게임이 끝나면 나의 플레이
가 살아나지 못한 이유를 규명하기 위해서 한참씩 애를
썼다. 결국 내가 얻은 결론은, 나를 잘 아는 선수이고 나
의 선배 선수이기 때문에 게임에서 위압을 당하고 있는
나의 정신적인 긴장과 초조에 그 이유가 있는 것을 알아
내었다.

　김춘배는 입심도 대단했다. 공격하는 김영기에게 말을 걸고 짓
궂은 말을 해서 주의를 어지럽힌 다음 공을 빼앗아 가기도 했다. 약
이 오른 김영기가 김춘배와 무리한 몸싸움을 하다가 중상을 당한
적도 있다. 김영기는 김춘배가 은퇴하기 직전에야 심리적인 약점을
극복하고 압도적인 경기력을 발휘할 수 있게 되었다. 마침내 김춘
배가 은퇴하자 김영기는 '앓던 이가 빠진 것처럼 시원했다.'고 토로
했다.

박남희
　김영기는 박남희를 '나를 5개월 동안 괴롭힌 선수'였다고 소개
했다. 박남희는 함께 공군 팀에서 뛴 김영기의 장단점을 잘 알았다.

키가 1m89cm나 되니까 김영기를 '높이' 면에서 압도했다. 그런 박남희가 자신을 마크할 때 김영기는 '질색'을 했다. 한 번은 호되게 골탕을 먹었다. 김영기의 기억과 기록을 그대로 참고하면, 박남희가 한국은행 소속으로 뛰던 '1960년 종합선수권대회 결승'에서 김영기는 공격과 수비 모두 부진했다. 김영기는 "나는 그의 긴 팔에 안겨 다니면서" 맥을 추지 못했다고 기록했다. 공격할 때는 슛을 던질 수 없었고 수비할 때는 그의 슛을 막을 수 없었다. 생각지도 못한 참패는 김영기를 강하게 자극했다. 김영기는 훈련할 때마다 박남희를 상대로 경기하는 기분으로, 늘 그의 플레이 모션을 염두에 두고 드리블하고 패스하고 슈팅했다. 뿐만 아니라 집에는 박남희의 사진을 구해다 놓고 아침저녁으로 그날의 패배를 기억했다. 그의 노력은 헛되지 않아서, 김영기는 '5개월 뒤 열린 종별선수권대회'에서 설욕할 수 있었다.[02]

---

02 김영기는 『갈채와의 밀어』를 저술하는 동안 대회명과 개최시기를 불분명하게 제시하는 사례가 있다. 그는 박남희와의 에피소드를 소개하는 부분에서 1960년 종합선수권대회에서 패배하고 5개월 뒤 종별선수권대회에서 설욕했다고 적고 있다. 그러나 당시 신문 기록이나 대한농구협회에서 발간한 『한국농구80년사』를 참고하면, 1960년에는 종합선수권대회가 열리지 않았다. 종합선수권대회는 1961년 1월 5~7일 미8군 체육관에서 제15회 대회가, 같은 해 12월5~9일 연세대학교체육관에서 제16회 대회가 열렸다. 1960년에 열어야 할 제15회 대회 개최가 늦어졌음을 짐작할 수 있다. 제15회 대회 결승에서 한국은행이 농업은행에 89-81로 승리했고, 제16회 대회 예선리그에서 농협은 산업은행에 90-85로 승리했다. 농업은행과 농협은 같은 팀으로, 1961년 국가재건최고회의에서 농업은행과 농업협동조합의 통합이 결의되면서 같은 해 8월 15일을 기해 유니폼만 바

김문웅

김영기가 '나를 괴롭힌 선수들'을 소개하면서 유일하게 실명을 기록하지 않은 인물이 있다. 그는 S팀 K 선수로만 적었다. 『갈채와의 밀어』가 출간될 무렵에는 K 선수의 실명을 거론하기 거북한 분위기가 있었으리라 짐작할 수 있다. 김영기의 기록을 보면 K 선수가 김영기에게 매우 비신사적인 방법으로 심한 반칙을 했음을 알 수 있다. 2000년대의 농구 경기에서 그런 경기를 했다면 즉시 퇴장을 면치 못했을 것이고, 경우에 따라서는 퇴출당했을 수도 있다. 내용을 살펴보자.

꿔 입었다. 1960년에 열린 남자실업농구대회는 대통령탄신경축우수팀리그(3월 29일~4월 7일. 시립체육관), 춘계실업연맹전(4월 9~11일. 시립체육관), 종별선수권대회(6월 9~12일 군산)와 남자우수팀리그전(8월 10~17일. 용산고체육관·경기여고체육관), 전국체육대회서울예선(9월 3~13. 장소미상), 전국체육대회(10월 10~16일. 대전), 서울시종별선수권대회(12월 2~6일. 무학여고체육관) 등이다. 군산에서 열린 제15회 종별선수권대회에서는 농업은행의 출전 기록이 보이지 않는다. 농업은행은 산업은행을 상대로 대통령탄신경축우수팀리그에서 68-75로, 춘계실업연맹전에서 84-96으로 졌다. 남자우수팀리그 예선리그에서도 87-93으로 물러섰지만 결승리그에서 84-80으로 설욕했다. 이렇게 볼 때 몇 가지 유추가 가능하다. 우선 김영기가 대회명을 착각했을 경우를 가정할 수 있다. 그렇다면 대통령탄신경축우수팀리그의 패배를 남자우수팀리그에서 설욕했다고 보아야 마땅하다. 김영기가 혹시 날수를 잘못 계산했다면 춘계실업연맹전의 패배도 기록 범위에 포함할 수 있다. 하지만 사진을 구해 걸고 설욕을 벼르며 절치부심했으므로 날수를 잘못 헤아렸을 가능성을 작게 보아도 무리는 없다. 이런 점에서 1961년의 기억을 1960년의 기억으로 착각했을 가능성도 매우 작다.

그는 경기장에서도 선배에 대한 예의를 밝혀가며 고의적인 파울을 기도한다. 그의 이러한 플레이는 오캄포(뒤에 소개할 것이다. 필자 주)에 비하면 훨씬 신사적이다. K군의 플레이(?)에는 그래도 애교가 있다. 그는 나에게 심한 반칙을 걸어올 때, '선배님 용서하십시오!' 그래도 예의바르게 선언을 하고, 주먹질을 한다. 다음날에는 직장으로나 집으로 나를 찾아와서 정중히 사과를 하고 돌아간다. 다음 경기장에서는 다시 그런 묘기(?)를 속출하지만 그래도 이 정도면 애교가 있어 좋다.

필자는 2023년 3월 31일에 김영기에게 전화를 걸어 "이제는 실명을 밝혀도 되지 않느냐?"며 K 선수에 대한 설명을 구했다. 그러나 그는 얼른 기억하지 못했다. K 선수가 해병대와 산업은행에서 선수생활을 했으며 오래전 미국으로 이주해 로스앤젤레스에서 살고 있다면서도 이름을 떠올리지 못한 것이다. 필자는 김영기 시대의 농구인 몇몇에게 전화해 K 선수의 이름을 물었다. 산업은행에서 선수생활을 한 박한과 이인표가 K 선수의 이름이 김문웅이라는 사실을 확인해 주었다. 김문웅은 해병대 팀에서 군복무할 때 김영기가 기록한 것과 같은 거친 플레이를 했지만 제대해서 산업은행 소속으로 뛸 때는 그렇게 거친 경기를 하는 선수가 아니었다고 한다. 박한과 이인표의 말을 전하자 김영기는 대부분 동의했다.

에드 오캄포

김영기가 언급한 선수 가운데 가장 선명한 이미지로 남은 인물이라면 필리핀의 에드 오캄포[03]일 것이다. 오캄포는 한국 남자농구의 슈퍼스타 두 명과 연결되어 농구팬들의 기억 속에 이름을 남겼다. 스피드와 재치가 뛰어난 오캄포는 김영기의 전담 수비수였다. 김영기가 은퇴한 다음 한국의 주포로 떠오른 신동파를 막는 필리핀의 방패 역시 오캄포였다. 오캄포와의 대결은 신동파가 굴지의 농구선수로서 성장하는 계기가 되기도 했다. 신동파는 1967년 서울에서 열린 제4회 아시아선수권대회 결승에서 오캄포에게 봉쇄당해 기대 이하의 경기를 한 다음 수비선수를 따돌리기 위한 개인기 향상에 진력한다. 오캄포는 매우 빠르고 영리했으며 필요하면 반칙도 서슴지 않는 선수였다. 신동파는 오캄포를 다음과 같이 설명하였다.

필리핀하고 결승전을 하면서 내가 망신을 당했어… 준결승까지 매 게임 30점 이상 했는데… 모든 국제대회에서 예선에는 20분밖에 안 뛰어… 체력 세이브하기 위해서 전반 10분, 후반 10분 이런 식으로. 더 뛰고 싶은데 미치겠어… 대만, 일본, 필리핀하고 할 때 이때는 40점 50점이 나오는 거지… 전성기라면 내가 숫밖에 몰랐던 때보다 (19)67년 4회 ABC에서 MVP를 받았는데 준우승했

03　에드가르도 오캄포(Edgardo Ocampo).

어. 필리핀에 오캄포가 있었는데, 김영기 선배가 은퇴하
고 다음 ABC때부터 김영기 선배 맡던 오캄포 이게 나한
테 온 거야. 걔는 디펜스 밖에 못해. 그림자야. (중략) 하여
간 어떻게 빠른지… 사람이 아무리 빨라도 공격이 먼저
움직인 다음에 움직이므로 공격보다 느린 법이거든. 얘
는 먼저 가 있어. 내가 성질이 나서 후반전에 5반칙하고
나와 버렸다니까?

신동파의 뛰어난 점은 패배의 트라우마에 사로잡히기보다는 분
발하고 발전하는 기회로 삼았다는 데 있다. 그는 "내가 아직도 젊고
앞으로 선수로서 뛰어야 할 시간이 많이 남았는데, 수비선수에게
막혀 기량을 발휘하지 못한다면 결코 선수로서 성공했다고 할 수
없다. 어떤 수비선수가 달라붙든지 반드시 제쳐 내고 득점할 수 있
는 기술을 연마해야겠다."라고 결심했다고 한다. 아마도 이때를 계
기로 상대 수비선수를 등지고 공을 받아 연결하는 공격이나 드리블
로 수비를 제친 다음 레이업슛으로 득점하는 등의 개인 공격 능력
이 크게 향상되었을 것으로 짐작할 수 있다. 그 결과는 극적이었다.
신동파는 오캄포에서 제압당하지 않는 한국의 주포로서 자리를 굳
혔다.[04] 김영기도 오캄포에게 깊은 인상을 받은 나머지 자신의 저서

---

04 1973년 4월 29일에 발행된 필리핀의 『익스프레스 스포츠(Express Sports)』는 필리
핀의 전-현직 농구 스타와 전문가들을 동원해 신동파를 막기 위한 비책을 설문

『갈채와의 밀어』에서 그의 이름을 언급하였다. 김영기의 서술은 냉소적이다.

　　다음으로 나를 괴롭힌 선수는 필리핀 팀의 주장 오캄포. 일 년에 한 두어 번씩 만나게 되는 오캄포는 나보다 나이가 한 살 많다. 이렇게 자주 만나게 되어 제법 친숙해졌건만 게임을 할 때에는 인정사정없다. 심판이 안 보는 데서 빤쓰를 잡아 내리는 일은 그의 장기(長技)에 속한다. 인정사정이 없는 증거로는, 맨투맨 때, 얼굴만 맞대면 내 얼굴에 침을 뱉는다. 사람 얼굴에 사람이 침을 뱉는 일은 얼른 이해가 안 갈 것이다. 문명인은 길거리에도 침을 뱉지 않는다는데 사람 얼굴에 침을 뱉는다면 거짓말이라고 할 것이다. 그러나 좋게 말해서, 오캄포는 나의 얼굴을 쓰레기통 정도나 토일렛 룸의 변기통 정도로 착

하였는데, 공통적으로 '일대일 수비로는 막을 수 없고 팀이 합심해야 한다.'는 데 의견 일치를 이루었다. 특히 1967년 서울에서 열린 ABC에서 신동파의 득점을 10점으로 제한함으로써 뛰어난 수비 능력을 발휘한 선수로 평가받은 필리핀의 전 국가대표 오캄포는 "신동파를 막는 일은 불가능하다."라고까지 말한 사례가 있다. "신동파를 막아내기 위해서는 기본적으로 팀 전체의 노력(Team Effort)이 필요하다. 팀 전체의 노력이란 무슨 뜻인가? (신동파에게) 패스를 하려는 선수(Passer)는 강하게 압박해야 한다. 그럼으로써 가능한 한 신동파가 공을 잡기 어렵게 만들어야 한다. 만약 신동파가 공을 잡게 되면, 그 다음에는 그를 막는 일이 불가능하기 때문이다."(오캄포, Express Sports, 1973. 4. 29.)

각하고 있었다면 이해가 갈까. 그때보다 나이가 훨씬 많은 지금의 내 얼굴을 바라보고서도 내 아내는, "미남은 아니지만 준미남(準美男)은 돼요."하고 농을 할 정도인데, 만약 오캄포가 그렇게 생각했다면 역시 필리핀 사람과 한국 사람의 미적(美的) 가치관은 다른가보다.

처음 몇 번은, 오캄포의 이러한 행동에 분개하고 심판에게 항의를 했다. 그러나 오캄포는 절대 그런 일이 없다고 극력 부인하는 것이다. 그러면서 나의 얼굴을 가리키며 어디에 침이 묻었냐고 물적 증거를 요구한다. 땀으로 뒤범벅이 된 나의 얼굴에서 그가 뱉은 침을 찾아내기란 사실 어려운 일이었다. 현장을 목격하지 못하고, 그렇다고 물적 증거도 발견하지 못한 심판은 그대로 게임을 진행시키는 것이다. 그의 이러한 행동은, 농구의 기술과는 무관한 것이지만 플레이어의 심리적인 긴장 상태를 자극하는 좋은 방법은 되었다. 쉽게 말하면 성질을 돋우어서 흥분 상태로 게임을 운영하게끔 하자는 하나의 작전은 되었다. 그러니까 플레이어에게서 침착성을 빼앗아내자는 작전의 일종이었다.

자유중국 대만에서 어느 해, 아시아 4강자 농구 리그전이 있던 때였다. 동률 수위로 올라가고 있는 필리핀과의 게임은 문자 그대로 치열하였다. 역시, 오캄포는 나를 괴롭히기 위해서 출전을 했다. 그의 출전은 플레이가 아니라 나를 괴롭히는 데에 목적이 있는 것 같았다. 이 날의 그의 태도 또한, 나의 발등을 밟고 가깝게 접근할 때에는 침을 뱉고, 때로는 나의 몸에 손을 대어 나를 극도의 흥분 상태에 몰아넣었다. 게임을 시작한 지, 약 5분이 지났을까? 막 패스된 보올을 드리블로 몰아 드라이브 인 자세를 취하며 오캄포를 비껴서 두어 발자국 전진하였을 때였다. 뒤에서 나의 유니폼 상의를 잡아당기는 감촉을 느꼈다. 뒤돌아보나마나 오캄포의 소행에 틀림이 없다. 나는 홧김에 창피를 무릅쓰고 전진하여 점프 슛! 고울인이다. 그러나 나의 유니폼 상의는 오캄포의 손장난에 의하여 볼품없게 찢어지고 바싹 마른 나의 상체가 수만 관중들 앞에 노출되었다. 나는, 어이없는 표정으로 멀거니 서 있는 오캄포를 이 보란 듯이 노려보았다. 당황해서 쫓아온 심판은 어쩔 줄을 모르고 서 있는 오캄포에게 티 파울을 선언하고 퇴장시켰다. 관중들이 쏟는 비난의 아우성은 내가 유니폼을 갈아입고 나올 때까지 계속되었다. 필리핀 팀 벤치에서는 낭패의 표정을 감추지 못했다. 나를 마크할 수 있는 오직 하나의 선수라고 믿던 오캄포를 경기장에서 빼앗겼으니 그럴 수밖에.

이 후로도, 잦은 국제 시합에서 오캄포를 자주 만났다.

그러나 한 번 이런 일이 있은 후로는 나에게도 자신이 생겼다. 그의 더티 플레이에 분개하고 흥분하기보다는 그가 그럴 때마다 조소 섞인 웃음으로 응수해 주기 시작했다. 태연한 표정으로 그의 야비한 플레이를 받아 주니까 나중에는 스스로 맥이 빠졌는지 게임에 파이팅을 내지 못했다. 그는 확실히, 우수한 플레이어는 아니었지만 심리적으로는 나를 괴롭힌 선수에 꼽히는 인물이다.

김영기의 묘사를 그대로 받아들인다면 오캄포라는 선수는 형편없는 선수처럼 보인다. 실제로는 나름대로 훌륭한 경력을 쌓은 필리핀의 농구 스타 중에 한 명이다. 아시아의 농구 강국인 필리핀의 대표선수로 뛰면서 여러 차례 우승을 맛봤다. 정식 이름은 에두아르도 루시아노 오캄포. 필리핀에서는 '에드'라는 애칭으로 불리기도 했다. 1938년 10월 5일 필리핀의 팜파냐에서 태어났다. 그의 아버지는 필리핀 건축의 아버지로 불리는 페르난도 히손 오캄포다. 마닐라의 아테네오에서 교육을 받은 그는 어릴 때부터 스포츠에 빠져들었다. 축구와 농구를 모두 좋아했고, 육상에도 재능을 보였다. 처음부터 농구선수가 되고 싶었으나 키가 작아 뜻을 이루지 못한 오캄포는 축구선수가 되어 뛰어난 실력을 발휘했다. 열일곱 살이 되자 언론에서 '미스터 풋볼'이라고 불릴 정도로 주목을 받게 되었다.

오캄포는 1956년 필리핀 축구대표로 뽑혀 한국과 스페인으로 원정하기도 했다. 그는 바로 이 해에 축구 경기를 하다 쇄골이 부러지는 사고를 당했다. 의사는 6개월 동안 운동을 삼갈 것을 권했는데 오캄포는 재활을 하는 동안 학교 농구팀에 들어가기로 결심했다. 그는 공식적으로 1957년부터 필리핀의 대학농구 시즌 2라운드부터 선수로 활약하기 시작하였다. 오캄포는 아테네오 킹 이글(Ateneo King Eagle)의 선수로서 소속팀이 1957년과 1958년 연속우승을 하는 데 크게 기여하였다. 그는 비록 신장 1m69cm, 체중 71kg 밖에 되지 않은 작은 선수였지만 체력이 강하고 힘이 있었으며 빠르고 반사 신경이 뛰어나 언제나 코트에서 눈에 띄는 경기를 했다.

대학을 마친 오캄포는 1959년 필리핀 전통의 명문 이포 페인터스(YPO Painters)에 입단하여 이 팀이 전성기를 구가한 1960년대를 거쳐 1973~1974시즌까지 프랜차이즈 스타로 군림하였다. 그는 1959년부터 1972년까지 필리핀 대표선수로서 수많은 국제대회에서 활약하였다. 그가 처음으로 대표선수가 된 1959년에 필리핀 대표 팀은 국제농구연맹(FIBA) 세계남자농구선수권대회에 참가해 8위를 기록하였다. 오캄포가 활약하는 동안 필리핀 남자농구 대표 팀은 1960년과 1963년, 그리고 1967년 아시아남자농구선수권대회(ABC)를 제패하였다. 1960년 로마올림픽(11위), 1968년 멕시코시티올림픽(13위), 1972년 뮌헨올림픽(13위) 등 세 차례 올림픽에도 출전하였다. 필리핀 농구의 역사를 기록한 호세 마 보니파시오 에스코다는 오캄포에 대해 '필리핀이 낳은 특출한 가드였고 코트 안팎에서 신사였다.'고 기록하고 있다. 이러한 평가는 그를 반칙이나 일삼은 삼류 선수 정도로 기억하고 있는 한국농구계 인사들의 인식과 거리가 있다.

오캄포는 1975년 코치가 되어 이포가 1975년 7월 마닐라은행을 물리치고 우승하는 데 기여했다. 이후로 로열 트루 오렌지 팀의 감독이 되어 1978년과 1979년 우승을 기록하는 등 성공가도를 달렸다. 그가 맡은 팀은 토요타(1981년), 마닐라맥주(1985년), 셸(1986~1987년), 펩시(1990년) 등이다. 1999년 61세의 나이로 세상을 떠난 오캄포는 아테네오 스포츠 명예의 전당(1982년), 국립 농구 명예의 전당(1999년), 필리핀농구협회 명예의 전당(2013년)에 차례로 헌액되는 등 생전과 사후에 걸쳐 영예를 누렸다.

김영기를 도운 선수들

　　김영기의 주변에 괴롭히는 선수들만 있지는 않았다. 그보다 더 많은 선수들이 김영기를 도왔다. 김영기와 같은 팀에서 운동하며 그를 위해 희생한 선수도 적지 않다. 아무리 위대한 스타 선수도 혼자 힘만으로 우뚝 서지는 않는다. 스타플레이어 하나가 탄생하기 위해서는 선수 자신뿐 아니라 코치와 동료 선수들의 일치된 노력이 뒷받침되어야 한다. 김영기는 이 사실을 잘 알았다. 그랬기에 『갈채와의 밀어』에 "내가 아무리 훌륭한 선수였다고 해도 동료 선수들의 희생이 없이는 두각을 나타내지 못했을 것"이라고 썼을 것이다. 김영기는 이 희생을 '완전히 타인을 위해서 바치는 선수의 수명(壽命)'이라고 정의했다. 그리고 다음과 같이 설명했다.

　　운동 사회에서 능력을 인정받지 못하면 그 선수의 수

명은 그만큼 짧아진다. 자기의 능력을 감추면서까지 타
인을 위해서 희생한다는 것은 정말 어려운 일이다. 그러
나 나의 주변에는 이러한 어려운 일을 해낸 선수들이 많
다. 그래서 지금의 내가 여기 있는 것이다. 나는 이런 선
수들에게 오늘, 눈물로 감사하고 싶다.

김영기가 '눈물로 감사하고 싶'은 선수들의 누구였던가. 수없이
많을지 모른다. 『갈채와의 밀어』에 등장하는 선수는 이경우, 주기
선, 문현장, 박남희, 천상희, 이규창 등이다.

이경우

김영기는 자신을 위해 희생한 대표적인 선수로 이경우를 맨 앞
에 내세웠다. 이경우는 김영기와 12년 동안 함께 운동생활을 한 선
수였다. 배재 시절부터 시작해 고려대, 공군, 농업은행, 기업은행 등
에서 함께 운동했다. 성동중학교에서 농구를 했는데, 선수가 부족
했던 배재로 스카우트됐다. 김영기와 함께 뛰기 시작한 시기는 배
재고등학교 때부터였다. 매우 노력하는 선수로서 피나는 훈련을
거쳐 대한민국 남자농구 굴지의 센터로 성장하였다. 그의 신장은
1m88cm로, 지금의 기준으로는 포워드는 물론 가드로서도 크다고
보기 어렵지만 당시에는 경쟁력이 충분했다. 체격이 건장하고 균형
이 잡혀서 농구선수로서 최적(最適)이라고 할 만했다. 김영기가 '농

구를 위해서 조물주가 만들어 놓은 조각' 같다고 표현했을 정도였다. 그러나 이경우가 스타플레이어가 되어 본 적은 한 번도 없고, 자신 때문에 큰 해를 입었다고 적었다.

그가 나 때문에 가장 큰 해를 입은 것은 공군 팀에 나와 같이 입대하였을 때이다. 원래 공군 팀에는 센터에 백남정 선수가 있었다. 그러나 이경우와 내가 공군 팀에 가게 될 때에는 백 선수를 나와 같은 포워드로 보내고 이선수를 센터에 기용한다는 약속이 되어 있었다. 그러나 막상 한 팀이 되어 생활하면서 우리는 우리의 주장을 요구할 정도의 분위기가 되지 못했다. 그래서, 백남정 선수는 센터의 포지션에 그대로 머물러 있게 되었고, 이경우 선수는 센터의 후보 선수로 눌러 앉게 되었다. 차라리 공군 팀이 아닌 육군이나 해병대 팀으로 갔더라면, 그는 확실히 한국 제일가는 센터가 되어 각광 받는 스타플레이어 자리를 지켰을 것이다. 그러나 그는, 이러한 후보 선수의 미미한 자리를 지키면서 한 번도 불평하지 않았다. 오히려 나와 같은 팀에 있는 것이 큰 즐거움이나 되는 듯이 나를 위해서 모든 신경을 썼다. 그가 후보 선수로 있으면서 이따금 기대에 어긋나는 플레이를 해도 나는 할 말을 잊어버리고 불운한 그의 선수생활에 어서 밝은 날이 오기를 빌었다.

김영기가 빌어마지 않았던 '밝은 날'은 오랜 시간이 지난 뒤에야
찾아왔다. 이경우는 김영기와 함께 농업은행 팀에 입단하면서 주전
센터의 자리를 되찾을 수 있었다. 그러면서 김영기와는 뗄 수 없는
콤비가 되었다. 이경우와의 일치된 호흡은 김영기가 자신의 기량을
발휘하는 데 없어서는 안 될 조건이었다. 그러나 모든 박수는 김영
기에게 집중되었다. 김영기는 이경우처럼 호흡이 맞는 선수가 없었
다면 그토록 관중이 박수를 받는 플레이를 할 수 없었을 것이라고
단언했다. 이경우는 분명히 스타플레이어 김영기의 빛나는 활약을
뒷받침하는 '소도구'와 같았지만 결코 불평하지 않았다. 그는 변함
없는 마음으로 김영기와 호흡을 함께 했고 때로는 동료로, 때로는
보호자로서 도리를 다했다. 김영기는 『갈채와의 밀어』에 이경우와
관련한 이야기를 적으면서 작은 에피소드 하나를 정리했다. 그 시
대 농구 문화의 일면을 보여주는 의미가 있기에 소개한다.

나는 지금도 잊지 못한다. 자유중국 대만에서 열린 아
시아 4강자 농구 리그전에서였다.[05] 필리핀의 오캄포 선

---

05 김영기가 말한 '자유중국 대만'은 '자유중국 대북'의 오기일 것이다. 대만(臺灣)은
타이완, 대북(臺北)은 타이베이이다. 아시아 4강자 농구 리그전은 국내 언론에 4개
국초청농구대회(4個國招請籠球大會)로 보도되었다. 자유중국의 대표1진(추광)과 2진,
한국, 일본, 필리핀이 출전했다. 한국은 이 대회에서 2승1무1패로 자유중국(대만)

수가 하는 더티 플레이에 분격한 이경우 선수가 나를 대신해서 분노를 터뜨리고 드디어는 10분간의 편싸움으로 발전한 일이 바로 그것이다. 공중의 볼을 리바운드하던 이경우 선수와 오캄포 선수가 한 덩어리로 땅에 뒹굴더니 오캄포가 볼을 가지고 일어서며 이경우를 때렸다. 이 어처구니 없는 꼴을 당한 이경우도 일어서면서 다섯 바늘을 꿰매는 정도의 상처를 냈다. 이 육박전은 드디어 한국 팀 대 필리핀 팀의, 볼을 제쳐놓은 주먹싸움으로 발전하였다. 결국 10분 간의 소란 끝에 아시아 농구계에 오점을 남겨 놓고 그 싸움은 끝났지만, 나는 이러한 이경우 선수에게 뜨거운 사랑을 느낀다. 물론 직접적인 원인은 오캄포가 볼로 때리려던 동작의 반발이겠지만, 그 밑바닥에 깔려 있는 동기는 틀림없이 오캄포가 나에게 걸어오던 더티 플레이였다고 나는 생각한다. 이렇게 나를 위해서 물불을 가리지 않던 이경우 선수. 이렇게 나를 위해서 자신의 개인기를 죽이고 도와주던 이경우 선수. 한국의 명센터이면서 관중들의 박수를 나보다 더 받기를 사양하던 이경우 선수. 이러한 이경우 선수의 값진 희생을 받으면서도 나는 무엇을 했는가를 돌이켜볼 때에 정말 미안스러운 생각밖에 드는 것이 없다.

과 공동 3위를 기록했다. 우승은 3승1패를 기록한 필리핀이 차지했다.

　　　　　　　　　　　　　　　　　　　　농구인 김영기

주기선

김영기는 이경우 다음으로 고려대 선배인 주기선을 꼽았다. 그는 주기선을 '병아리 선수를 중닭 정도로 키워 주는 데에 전심전력을 다한' 선배라고 표현했다. 주기선은 김영기를 고려대로 불러들였고, 김영기를 성장시키기 위해 자신의 훈련량을 희생했다는 것이다. 전술(前述)했듯이 김영기를 멜버른올림픽에 보내기 위해 발 벗고 나선 사람이기도 하다. 1956년 1월 고려대 아이스하키 팀이 저지른 불미스런 행위로 고려대학교 운동부 전체가 출전정지를 당함으로써 김영기는 대표선수 선발전에 참가할 기회를 잃었다. 그러나 주기선이 나서서 '전고대(全高大)' 팀을 결성했다. 은퇴한 이인성, 김성태, 이혜재 등을 끌어들여 선발전에 나갈 수 있는 팀을 구성한 것이다. 주기선의 노력은 경기장 안에서도 멈춤이 없었다. 오히려 더 적극적이고 구체적이었으며 희생적이었다.

그는 자신이 슈팅을 쏠 수 있는 볼을 일부러 나에게 패스하여 나로 하여금 득점을 하도록 해주었다. 나중에 농은에서 같이 뛰면서도 다시 이러한 플레이를 해 주었다. 이러한 그를 신문에서는 '슈팅 찬스를 살리지 못하는 수준 이하의 선수'라고 혹평을 했다. (중략) 이렇게 나에게는 한없이 훌륭한 선수였지만 그는 한 번도 국가대표급 선수로 선발되지 못했다. 차라리 나를 버리고 자기 본위의 플레이를 하였더라면 국가대표급 선수가 되었을 것이라고 나는 생각한다. 그러나 그는 마지막까지 나를 위해서 하는 플레이를 하였기 때문에 개인 기술의 발전도 보지 못했고 자기 위주의 플레이도 되지 않아서 급기야는 예상 외로 운동 수명이 짧아졌다.

김영기는 한시도 주기선의 희생을 잊은 적이 없다. 그러나 주기선은 자신의 희생을 결코 희생으로 받아들이지 않았다. 그가 품은 생각의 일단을 짐작할 만한 에피소드가 있다. 주기선은 어느 술자리에서 김영기와 다음과 같은 대화를 나누었다.

"희생? 절대 나는 희생한 게 없어! 그때 오직 내가 바라던 것이 있다면 김영기 네놈이 대선수가 되는 것이었어."

"그럼 형이 바친 희생의 대가를 지불한 셈인가요? 나를 보고 남들이 대선수라고 하니까."

"뭐야? 희생의 대가? 헹! 누가 너 같은 놈을 위해서 희생을 한대? 자아식! 그리고 네가 인마, 무얼 보고 대선수야! 네가 뭐길래 대선수야! 대선수가 되려면 어림도 없다, 어림도 없어! 이제 막 대선수가 되려던 때에 너는 은퇴를 했단 말야!"

이렇게 말하는 주 선배의 목소리는 어딘가 울적해 있었다. 그리고 그의 눈초리는 허전한 공간 속에 머물러 있었다.

"……."

나는 갑자기 울고 싶었다. 어느 때의 심정처럼 고개를 떨구고 나의 등이 주 선배의 손에 의하여 두드려지기를 기다렸다. 주 선배의 손이 조용히 나의 등에 얹혀지며 "다, 지난 일!" 그러면서 한 손으로 술잔을 들고 빙긋이 웃었다.

김영기는 문현장, 박남희, 천상희, 이규창에 대해서는 이경우나 주기선처럼 구체적으로 기술하지 않았다. "이밖에도 나로 인해서 해를 입은 선수는 허다하게 많다."는 문장으로 시작되는 두 쪽 남짓한 설명으로 갈음하고 있다. 김영기는 대표선수를 선발할 때의 경우를 예로 들면서, 농구협회의 선발 방식이 결과적으로 우수한 선수들에게 불이익을 주었다는 취지의 주장을 하고 있다. 그의 주장은 어느 정도 동료 선수들에 대한 미안한 감정과 불합리한 행정에 대한 비판을 담고 있다고 판단된다. 김영기는 대표선수 선발위원들이 우승팀에서보다 하위팀에서 대표선수를 더 많이 선발한다고 지적했다. 선발위원들은 각 팀의 감독들인데 우승팀의 감독은 위원회가 열릴 때 외로운 입장이 되고 우승하지 못한 팀의 감독들이 담합

한다는 것이다. 그들은 "김영기를 빼놓은 다른 선수들은 거의 비슷한 수준이다."라고 주장하는데, 이는 우승팀이라고 해서 일반적으로 수준이 높다든지 선수들 모두가 우수하다고 보기 어렵다는 논리다. 다음과 같은 발언은 그들의 심리를 대변한다.

우리 팀에 김영기 선수를 줘 보시오! 그럼 우리도 우승할 수 있습니다. 당신네 팀이 이긴 것은 순전히 김영기 때문인데, 그걸 가지고 우승 팀의 특권을 그렇게 행사할 것까지는 없지 않소?

이 말을 김영기는 다음과 같이 이해했다.

이 얼마나 모순된 이야기인가. 그러니까 우승의 영광은 김영기에게 있고 패배의 책임은 내 동료 선수들에게 있다는 말이 된다. 정말 어처구니 없는 생각이다. 내 생각 같아서는, 정말 그들 말대로 내가 훌륭한 플레이를 했다면 그런 플레이를 뒷받침해주는 우수한 동료 선수들의 플레이가 있었을 것이 아니냐 말이다. 이렇게 나를 뒷받침하고 나의 개인기를 보조하는 내 동료 선수들의 우수한 플레이도 정당한 평가를 해 주었어야 옳았을 것이다. (중략) 이러한 그릇된 생각 때문에, 나에 못지않은 훌

농구인 김영기

룡한 개인기를 가지고 있으면서도 선발에서 누락되는 선수가 나의 팀에는 많았다. 대부분의 팀 메이트들이 이런 해를 입고 나와 같은 팀에서 싸웠다.

김영기는 그러한 선수로 공군 시절의 문현장과 박남희, 농업은행 팀의 천상희, 기업은행의 이규창을 꼽았다. 그는 이들에게 언제나 미안한 감정을 느꼈다.

김영기의 코치들

　　김영기를 가르친 지도자에 대해서는 앞서 상세히 기술하였다. 여기서는 김영기가 『갈채와의 밀어』에 따로 정리한 부분을 중심으로 갈무리해 둔다. 김영기가 농구선수로 활동한 시간은 햇수로 13년이다. 프로농구 출범 이후 마흔 살까지 선수생활을 하는 경우가 적지 않지만 김영기의 시대에는 서른 넘은 선수를 보기 어려웠다. 20대 후반이면 '노장' 소리를 들었다. 그 길지 않은 선수생활 시간 동안 김영기는 코치 일곱 명과 호흡을 맞추었다. 그 기억을 『갈채와의 밀어』에 정리하고 그들을 향해 무한한 감사를 표했다. 김영기가 『갈채와의 밀어』에서 언급한 일곱 코치는 이희주, 조득준, 임동수, 이상훈, 이혜재, 주기선, 신봉호 등이다. 현재의 관점에서 볼 때 중요도를 따진다면 이희주와 조득준을 앞세울 수밖에 없다. 김영기는 일곱 코치의 정성어린 지도에 힘입어 농구선수로서 영광을 누렸다고 했다. 이들의 노고와 은공은 일생을 두고 갚아야 할 큰 빚이라고도 표현했다. "나의 어버이만이 나를 키워 주시지는 않았다. 나를 키워 주신 분들은 도리어 이 일곱 분의 코치"라 했으니 참으로 극진한 감사의 염이 아닐 수 없다.

> 나는 이제 농구선수를 그만두었다. 이러고 보니 이분들의 주옥과 같은 말씀과 나에게 가르쳐 주신 기술들이 그저 아름답기만 하다. 다시 한 번 조용히 되씹어 보고 싶다. 어떤 코치와는 의견이 맞지 않아 다투기도 했고, 어떠 코치에게는 가혹한 훈련에 지쳐 뒤에서 욕도 했다. 그러한 일들을 지금 생각하면 어버이의 사랑을 배신한 소년처럼 부끄러운 생각이 든다. 이 일곱 분의 면모, 지도 방법, 그 고결한 인격과 인간성에 다시 한 번 접하고 싶다. 나는 이런 분들을 나의 스승으로 모신 것을 자랑으로 삼는다.

이희주

김영기는 이희주를 '나를 발굴한 코치'라고 소개하였다. 전술한 대로 김영기는 배재고등학교에 다닐 때 이희주를 만났다. 이희주는 처음에 김영기의 체격이 작다는 점을 들어 농구부 입회를 반대했다. 그러나 끝내는 김영기에게 소질이 있다는 점을 알고 차근차근 가르쳐 대선수로 성장하는 기틀을 마련해 주었다. 김영기의 재능은 파묻혀 있던 금강석과 같아서 햇빛 아래 드러나기 전에는 그 빛을 알 수가 없었다. 이희주는 금강석을 한낮의 태양 아래로 끄집어내 흙과 먼지를 털고 정성껏 닦아낸 것이다. 이희주의 안목이 없었다면, 김영기의 인생은 완전히 달라졌을지도 모른다. 그렇기에 김영기는 이희주를 일컬어 '나의 운명을 결정지어 준 분'이라고 표현한 것이다.

이희주는 김영기의 소질을 인정했을 뿐 아니라 하나하나 파헤쳐서 체계적으로 발전시켜 주었다. 당시의 고등학교 농구는 대부분 팀워크 위주로 훈련했고 경기도 마찬가지였다. 그러나 이희주는 김영기를 중심으로 한 플레이를 만들어냈다. 김영기의 기술과 시야, 리더십이 아직 무르익지 않아 이희주의 시도는 큰 성과로 이어지지 않았다. 그러나 야생마와도 같은 김영기가 평범한 농구선수를 넘어 한국을 대표하는 슈퍼스타로 성장하는 데 기초를 놓은 의미 있는 시간이었음에 틀림없다. 김영기는 이희주의 가르침 아래 고등학교 시절에 익혀야 할 기초기술을 거의 완벽에 가깝게 습득할 수 있었다.

이희주의 훈련방법에는 묘한 구석이 있었다. 선수들에게 그다지 심한 잔소리를 하지 않았다. 그런데도 선수들은 적지 않은 고충을 느꼈다. 이희주는 자율정신을 강조하면서 선수들의 자각을 촉구하였다. 그와 동시에 선수들끼리의 경쟁의식을 고취하였다. 이희주가 사용한 방법은 요즘 기준에 부합하지 않을 뿐 아니라 당시의 기

준에 비춰 보아도 도를 넘는 일면이 있었다. 예를 들면 A라는 선수
가 잘못했을 때 B라는 선수로 하여금 벌을 주게 하는 것이다. 아직
어린 고등학교 선수로서는 잘못을 저지른 동료 선수를 벌주는 일이
쉽지 않았을 것이다. 그러나 머뭇거리다가 코치의 불호령이 떨어질
것이 두려워 내키지 않는 동료 벌주기를 할 수밖에 없었다. 이 방식
은 비록 비교육적이라는 비판을 받을 수는 있으나 선수들의 집중을
유도하고 실수를 줄여야 한다는 사실을 마음에 새기게 하는 효과가
있었다.

또한 이희주는 김영기에게 아마추어 경기의 승부관(勝負觀)을 교
훈으로 남겼다. 아마추어 농구는 승부를 초월한다는 것이다. 이희주
는 제자들에게 오직 최선의 컨디션으로 페어플레이를 다하라고 가
르쳤다. 그러한 가운데 이루어지는 페어플레이가 곧 승부를 좌우한
다고 했다. 이 교훈을 김영기는 어떻게 받아들였는가. 그는 『갈채와
의 밀어』에 이렇게 썼다.

    그분의 이 교훈이 나로 하여금 경기장을 떠나면 모두
    다정한 친구가 되고 선배가 되는 실업 팀의 생리 속에서,
    그리고 국가대표 선수로 같은 작전 밑에서 같은 목적의
    플레이를 전개하던 동료 선수들 사이에서, 상대 팀으로
    등장할 때에도 가차 없는 파이팅 스피릿을 발휘할 수 있
    게 하였다.

조득준

앞에서도 언급했지만 조득준은 김영기의 농구인생 전반에 걸쳐 영향을 미쳤다. 김영기는 '나의 정신의 형성자'라고 압축해 말했다. 김영기와 긴 시간을 함께 보내지는 않았지만 제자가 삶의 방향을 결정하는 데 가장 큰 동기를 부여했다. 김영기는 "만약 조득준 코치의 지도를 받지 못했다면 나는 삼류선수의 말로를 걷는 가엾은 존재가 되었을 게다. 기술도 기술이지만 참된 운동정신과 선수로서 갖춰야 할 태도를 배양하는 데 더없이 귀중한 가르침을 주셨다."고 고백하였다. 김영기가 깊은 존경심을 가지고 평생의 스승으로 마음속에 모셔둔 조득준의 지도자와 인간으로서의 면모를 짐작하게 하는 에피소드를 『갈채와의 밀어』에서 읽을 수 있다.

이제 막 고려대학교 학생이 된 김영기가 당시 최강의 경기력을 자랑하던 산업은행 팀과 연습경기를 하던 중에 벌어진 일이다. 김영기가 러닝 슛을 시도할 때 산업은행의 안영식이 어깨로 다리를 미는 바람에 넘어지고 말았다. 이때 오른손이 부러졌다. 부러진 곳이 손가락인지 손목인지는 불분명하다. 김영기는 분노와 절망감을 함께 느끼며 안영식에게 달려들었다. 안영식이 고의로 반칙을 했다고 확신한 것이다. 부러진 손을 당장 고쳐내라며 욕까지 했다. 이때 조득준이 김영기를 불렀다. 김영기는 조득준의 이해와 위로를 기대하며 그에게 달려갔다. 그러나 김영기의 기대는 빗나갔다. 조득준은 강한 평양 억양으로 꾸짖었다.

"너, 그게 어디서 배운 버르장머리지?"

"!?"

"선수가 경기장 안에서 무슨 상소리를 그렇게 해!"

김영기는 어안이 벙벙했다.

"제 손이 이렇게 부러졌는 걸요!"

"글쎄, 그건 나도 알아! 하지만 어떤 지경을 당해서 곧 죽게 되었다고 해도 경기장 안에서 일어난 사고를 가지고 그게 무슨 짓이야! 응?"

"……."

김영기는 아무 말도 못했다. 위로의 말을 듣기는커녕 야단을 맞고 의기소침했다.

"더구나, 선배 선수에게 후배 선수가 그게 무슨 추태야! 저리 가서 앉아 있어!"

김영기는 풀이 죽어 벤치로 가서 앉았다. 다친 곳이 펄펄 뛰고 싶을 만큼 아프고 쑤셔왔다. 팔뚝까지 통증이 번졌다. 왼손으로 아픈 손을 받쳐 든 채 원망 가득한 눈으로 조득준을 바라보았다. 조득준은 이내 경기에 몰두했다. 경기가 끝난 뒤에야 김영기에게 다가갔다. 제자의 다친 곳을 이리저리 살펴본 조득준은 매니저를 불러 김영기를 병원에 데려가게 했다. 그리고는 김영기에게 다시 명령했다.

"영기. 안 선수에게 아까 잘못을 사과해."

김영기는 분한 마음이 들었다. 조득준의 지시에 따라 안영식에게 사과를 하고 매니저의 뒤를 따라 병원으로 향하면서도 분이 삭지를 않았다. 조득준의 냉정한 태도가 더욱 야속하게 느껴졌다. 김영기는 훗날 "이때 가슴이 아팠다."고 했다. 그러나 훨씬 뒤에는 조득준의 뜨거운 사랑과 이해 앞에서 더욱 가슴이 아팠으며, 그러나 이러한 사실을 알았을 때에는 스승이 이미 세상을 떠난 뒤였다고 토로하였다.

　　조득준은 1958년 도쿄에서 열린 제3회 아시아경기대회에 출전하는 남자농구 대표 팀의 코치로 지명되었다. 당시는 해외원정 팀의 코치를 맡기 위해 암투를 벌이던 시절이었다. 해외경험의 기회가 많지 않았기에 그랬을 것이다. 그런데 조득준은 탐탁지 않게 생각하는 듯했다. 김영기는 대표 팀에 코치가 네 명이나 딸린 점을 조득준이 불편하게 생각했을 수도 있다고 짐작했다. 대표 팀은 대구에서 합숙훈련을 했는데, 조득준은 서울역에 나타나지 않았다. 김영기는 서운한 마음을 간직한 채 대구로 향했다. 대표 팀 훈련에 참가하고 싶은 마음이 사라질 만큼 아쉬웠다. 대구에 도착해 훈련을 시작한 뒤 나흘이 지났을 때 청천벽력 같은 전보가 날아들었다. 조득준이 교통사고로 별세했다는 비보(悲報)였다. 김영기는 실의에 빠졌다. 장례식에 참석하고자 휴가를 요청했으나 허락받지 못했다. 안영식이 대표로 육군체육관에서 농구협회장으로 열린 장례식에 참석했다. 대표선수들은 장례식이 거행되던 날 서울 방향으로 고개를 조아려 명복을 빌었다.

임동수

김영기가 고려대에서 조득준 다음으로 만난 코치가 임동수다. 50이 넘은 나이에 대학 팀을 맡았지만 열정은 젊은이 못지않았다. 원래는 우리 농구의 초창기 인물이다. 정상윤, 안태경, 이성구, 황대걸 등과 함께 운동했다. 광복 이후 경기여고, 숙명여고 등 여자농구 지도자로 활동했다. 그래서인지 성격은 여성적인 면이 있었고, 작전 또한 소극적인 편이었다. 고려대 농구부 선수들은 워낙 나이가 많은 원로급 코치를 맞아 행동을 조심하지 않을 수 없었다. 모두가 임동수를 어렵게 대했다. 임동수의 여성적인 면은 선수들을 훈련시킬 때 특이한 형태로 나타났다. 선수를 나무랄 때는 매를 들거나 험한 말을 하지 않고 꼬집었다. 그래서 김영기는 그를 '꼬집는 코치'라고 표현했다.

경기운영이나 기술을 지도하는 방법도 여성적이었다. 방송국의 아나운서처럼 유려한 말솜씨로 경기의 진행 상황을 설명하고 플레이 수행을 요구했다. 그의 작전은 매우 치밀했다. A 선수에게는 높은 위치로 패스를 해주어야 슛을 정확하게 던질 수 있다거나 B 선수에게는 바운스 패스를 해주어야 피봇 플레이를 잘한다는 식이었다. 이러한 지시는 선수 한 사람 한 사람의 특성을 모두 파악하고 있어야 가능한 일이었다. 특별한 고집도 있었다. 경기 중에 절대로 선수교체를 하지 않았다. 선수교체는 곧 팀이 경기에서 열세임을 자인하는 셈이므로 팀의 사기를 떨어뜨린다는 주장이었다. 이러한 고집은 후보 선수들의 불평을 샀다.

임동수의 여성적인 면은 그가 미신을 따랐다는 데서도 확인할 수 있다. 김영기는 임동수가 경기가 열리는 날이면 반드시 영구차를 본 다음에야 경기장에 나타났다고 기억했다. 영구차를 보기 위해 일부러 장의사 앞을 서성거리고 초상집을 찾아다녔다는 것이다. 하루는 경기가 시작됐는데도 경기장에 모습을 보이지 않아 선수와 관계자들을 걱정시켰다. 선수들은 코치 없이 하루 전에 대강 짜 두었던 계획대로 경기를 했다. 임동수는 후반 중반이 돼서야 가쁜 숨을 몰아쉬며 경기장에 나타났다. 임동수는 이 날 영구차를 한 대도 보지 못하자 영구차가 가장 많이 다니는 망우리 공동묘지를 찾아가 기다린 끝에 기어이 보고 왔다고 한다. 무슨 사고라도 났을까 걱정하던 선수들 모두는 어처구니가 없었다. 물론 그 날 경기는 임동수가 망우리까지 가서 영구차를 보고 온 덕분인지 몰라도 고려대의 승리로 끝났다.

그러나 『갈채와의 밀어』는 '선수를 꼬집고 영구차를 찾아다닌' 임동수의 우리나라 농구에 대한 가장 중요한 공헌을 기록하고 있다. 현재 장충체육관이 서 있는 대지가 원래 임동수의 개인 소유였다는 것이다. 이 거대한 땅덩이를 실내체육관을 짓는 데 아낌없이

희사했다.[06] 김영기는 당시 임동수의 생활로 보아 이 대지가 커다란
재산이었을 것으로 짐작했다. 이 재산은 지금의 가치로 환산하면

---

06 김영기의 회고와는 조금 다른 증언이 있다. 1979년 11월 20일자 경향일보 4면
에 실린 농구인 이성구의 기고문이다. 기획연재물인 사우(思友, 친구를 생각한다는 뜻)
에 기고한 네 번째 꼭지의 제목은 '진정한 맞수 임동수 씨'이다. 이성구는 여기에
다음과 같이 기록했다. "임형은 전체 농구계에 있어서도 어떤 외부간섭이나 사
이비 농구인의 개입을 적극 배제하려 했다. 그 반면 농구인에게는 더없는 동지였
다. 아마도 임형이 생존해 있다면 오늘의 우리 농구계의 양상도 달라졌을 것이
라 생각된다. 임형은 또 농구를 위해 적지 않은 가재도 소비했다. 한때는 자기 집
까지 날릴 뻔한 일도 있다. 지금의 장충체육관도 임형의 그 같은 희생으로 인해
서 건립되었다 해도 과언이 아닐 것 같다. 해방 후 내가 농구협회 이사장으로 회
장 직무를 대행할 때 나는 먼저 농구인구의 저변확대책의 일환으로 시내 각 공원
에 농구 코트를 설치키로 하고 제일 먼저 창경원(본디 조선 궁궐인 창경궁이다. 일제강점
기에 공원화되어 1911년 창경원으로 격하되었다가 1983년에 원래 이름을 되찾았다.)에 실외 코
트를 설치하고 다음으로 장충단공원에 코트를 설치했다. 장충공원 코트는 본래
일인들의 씨름장이어서 해방 후 한때는 씨름관계자인 김윤근 등과 장소 사용 문
제를 놓고 싸우기도 했으나 당시 농구인들은 단합이 잘 되어 전농구인이 합심하
여 근로 작업으로 농구장을 만든 것이다. 그 후 임동수 형은 모 건설업자와 합자
하여 이곳에 실내체육관을 건립할 생각으로 자기 주택을 은행에 저당하여 그 자
금으로 기초공사까지 마쳤다. 그러나 자금이 부족하여 당시 런던올림픽 파견을
위해 조직된 올림픽후원회로 하여금 융자알선을 청했으나 여의치 않게 되자 건
설업자는 올림픽후원회 사무실에서 할복소동을 벌였고 임형의 주택은 경매에 붙
여지기까지 했다. 그 후 6.25 피난에서 수복하여 당시 체육관 건설을 추진할 무
렵 육군에서 그 대지사용권을 양보해 달라는 것이었다. 농구를 사랑하는 임형은
농구전용체육관을 건설한다는 조건이라면 자기 권리를 고집하지 않겠다며 그 사
용권을 육군에 양도한 것이다. 그리하여 당시 육군헌병감이던 김근배 준장이 국
군체육회장인 김일환 국방차관의 후원을 얻어 이곳에 육군체육관을 세웠으며 그
후 다시 서울시 당국이 이곳에 지금의 체육관을 건립한 것이다. 이와 같이 장충
체육관과 임동수 형과는 특별한 관계가 있는 만큼 임형이 타계했을 때 그 영결식
을 전농구인이 모여 장충체육관에서 거행했던 것이다."

물론이거니와 당시의 셈법에 비추어도 엄청났을 것이다. 임동수는 1957년 7월 26일 서울 명륜동 자택에서 사망했다. 당시 신문들은 임동수가 '숙환' 또는 '신병'으로 별세했다고 보도했다. 김영기는 인플루엔자에 감염돼 갑작스럽게 별세했다고 기록했다. 사인이 무엇이든, 농구계로서는 너무나 아까운 인물의 죽음이었다.

이상훈

김영기가 공군 팀에 복무할 때 만난 코치다. 이상훈은 "약장수의 바이올린이 되어서는 안 된다."는 가르침을 김영기의 뇌리에 심어 주었다. 이상훈이 이 말을 한 이유는 공군 팀이 팀워크에 약점을 보이고 있었기 때문이다. 김영기가 복무할 무렵 공군 팀은 연세대와 고려대 출신의 우수한 선수들을 보유했기 때문에 기술적으로는 매우 뛰어났다. 선수들의 개인기가 훌륭한 반면 팀워크는 부족했고, 그 결과 라이벌인 해병대 팀에게 패전을 거듭하고 있었던 것이다. 김영기는 이상훈의 어록을 인상적인 인용문에 녹여 넣었다.

농구 경기는 하나의 오케스트라를 연주하는 것과 같다. 각 파트의 훌륭한 연주가 서로 밀접한 관계를 가지고 앙상블이 될 때에 하나의 심포니가 비로소 탄생한다. 이러한 오케스트라의 연주회장에 거리에서나 환영받는 독주자 약장수 바이올린을 갖다가 끼워보라. 행인들에게는 감명을 주던 그의 바이올린이 오히려 오케스트라의 연주를 돕기보다는 망칠 것이다. 너희들은 공군 팀이라는 오케스트라에 입단한 거리의 바이올린들이다. 너희들이 만약 대학에서 박수를 받았다면, 그것은 지나가던 행인들이 쳐준 박수. 너희는 오늘부터 공군 팀이라는 오케스트라의 단원이다. 절대로 약장수의 바이올린이 아니란 말이다. 지금부터, 너희들이 약장수의 바이올린이 되기 위해서 개인플레이를 하는 것을 발견할 때는, 어떤 수단을 써서라도 우리 오케스트라의 단원이 되게끔 만들겠다!

빈말이 아니었다. 이상훈은 실행력이 매우 강한 코치였다. 가르치는 기술은 새로울 것이 없었다. 체력과 정신력. 김영기의 시대를 이은 엘리트 그룹의 일원으로서 1969년 아시아남자농구선수권대회와 1970년 아시아경기대회에서 한국이 정상에 등극할 때 주역 가운데 한 사람인 이인표는 당시 국내 지도자들의 지도 방식을 기억하면서 이상훈도 언급했다. 이인표에 의하면, 당시 대부분의 국내 코치들은 줄넘기 몇 시간, 체력 단련을 위한 달리기 몇 시간 식으로 훈련의 양에 호소하는 입장이었으며 훈련 도중에도 자주 중단하고 선수들을 불러 모아 작전을 설명하거나 '정신 무장'을 요구하였다. 이상훈도 크게 다르지 않았다. 그는 특히 선수들의 태도에 주목했다. 기온이 영하 15도에 이르는 혹한 속에서 훈련하면서도 선수들이 호주머니에 손을 넣기라도 하면 불호령이 떨어졌다. 주전 선수들은 훈련을 하면서 땀을 흘리니 견딜만하지만 후보 선수들은 움직임 없이 지켜보기만 하니까 추위를 체감하게 되어 있다. 그런데도 이상훈은 주전 선수든 후보 선수든 호흡을 맞춰야 한다며 주머니에서 손을 빼라고 요구한 것이다.

정신력을 강조하는 태도는 선수들에 대한 강압과 체벌로 이어지기 일쑤다. 이상훈도 이 공식으로부터 자유롭지 못했다. 코치의 체벌을 잘못으로 여기지 않던 시절이었다. 현재의 기준으로 볼 때는 지도자의 자격을 의심받아 마땅한 폭력이 가르침의 한 방법으로 통용되던 시절이 있었던 것이다. 이상훈은 '밑 빠진 술독'이라고 불릴 정도로 호주가였는데, 그가 술을 마신 날이면 선수들이 밤잠을 이루지 못하고 곤욕을 치렀다고 한다. 이상훈은 선수들에게 끝도 없이 잔소리를 늘어놓고, 때로는 손찌검을 하기도 했다. 한번은 백남정이 이상훈의 주먹에 희생되었는데, 밤 12시에 시작된 주먹다짐이 새벽 3시까지 계속되었다. 백남정의 얼굴은 만신창이가 되었고, 이튿날 경기에 나서려는 그의 얼굴은 반창고 범벅을 면할 수 없었다. 그러나 이상훈은 자신이 밤새 선수를 두들겨 패 얼굴을 그 지경으로 만들었다는 사실을 기억하지 못했다. 김영기는 『갈채와의 밀어』에 이때의 일을 사뭇 코믹한 필치로 기록했지만 지금 볼 때는 블랙 코미디 이상도 이하도 아니다.

이혜재

김영기가 농업은행에서 만난 코치다. 털보 아저씨라고 불릴 정도로 수염이 많았다. 털털한 외모와 달리 자상한 성격에 손재주가 뛰어났다. 그가 가르치는 훈련장의 분위기는 늘 화기애애해서 선수단 모두가 즐거웠다고 한다. 이혜재는 실기 중심으로 지도하였다. 기술을 가르치거나 작전을 지시할 때는 일일이 선수의 동작을 흉내 내면서 잘못된 동작과 앞으로 해야 할 동작을 해 보였다. 그가 이런 지도 방식을 사용할 수 있었던 데는 나름대로 화려했던 선수 경력이 있었기 때문일 것이다. 그의 이름은 광복 이후 주요 신문에 자주 보인다. 김영기가 선배들의 말을 전하는 형식으로 묘사한 이혜재에 대한 일화 몇 토막이 있다. 김영기의 기록을 참고한다면, 이혜재는 상당한 테크니션이었다고 보아도 무리가 아니다.

선수 시절 이혜재의 플레이는 쇼를 연상시킬 정도로 유머러스했다. 경기를 한다기보다는 상대 선수와 함께 경기를 즐기고 때로는 농락하는 듯한 플레이를 했다는 것이다. 단독 드리블을 해서 골 밑으로 치고 들어갈 때 상대 선수가 따라붙으면 코트 바닥에 공을 내려놓고 그대로 달려 빈손으로 레이업슛 동작을 했다. 이 움직임에 속은 상대 선수는 허공에 몸을 날릴 수밖에 없고, 이혜재는 내려놓았던 공을 찾아 들고 점프슛을 던졌다고 한다. 상대 선수 세 명에게 둘러싸였을 때는 한 선수의 다리 사이로 패스해서 동료의 노마크 슛 기회를 만들기도 했다. 그의 플레이에 농락당한 상대 선수는 어찌나 화가 났던지 주먹질을 하기도 했다. 이런 선수였기에 지도 방식에도 유머러스한 면이 있었다. 중요한 경기를 앞둔 선수가 잔뜩 몸이 굳어 있으면 여자 이야기를 꺼내 주의를 돌리고 긴장을 풀어 주기도 했다. 농구 철학도 남다른 면이 있었다.

"상대방의 실력에 맞추어 경기를 하라."

"우수한 농구선수는 다채로운 모션을 써서 상대 선수의 균형이 무너지는 순간을 노린다. 이쪽의 역모션에 속을 정도가 못되는 저급 선수에게는 다채로운 모션이 소용없다. 이럴 때에는 기술을 한 단계 낮추어서 상대방의 수준과 같은 수준에서 경기하라."

주기선

농업은행 팀이 농협 팀으로 옷을 바꿔 입으면서 이혜재가 감독으로 승격하고 주기선이 코치를 맡았다. 김영기로서도 뜻이 잘 맞는 코치를 만났으니 좋은 일이었다. 주기선은 두뇌가 명석하고 경기 운영에 능했다. 그가 코치를 맡은 이후 농협 팀은 승승장구, 국내 최강의 팀으로 자리를 굳혀 갔다. 주기선은 선수들과 강한 유대를 형성했다. 선수들을 이해하고 배려하는 코치였다. 경기에서 충분히 활약하지 못한 선수, 실책을 많이 기록한 선수가 나오면 경기가 끝난 뒤 그 선수를 저녁식사에 초대해 위로하며 맥주를 따라 주었다. 승부의 세계에는 승자를 위한 잔이 차고 넘친다. 그러나 패자를 위한 잔은 찾기 어렵다. 주기선은 이기지 못한 선수, 성공하지 못한 선수의 마음을 잘 이해했다. 그의 행동에는 위선이 없었고, 그러기에 맥주잔을 받아 든 선수의 마음을 감동으로 채웠다. 선수가 다음 경기에서 분발할 것을 다짐했음은 불문가지다.

주기선은 변화무쌍한 전술을 구사하였고, 선수들의 역량을 살려내는 솜씨가 뛰어났다. 또한 신인 선수의 발굴과 등용에도 탁월한 능력을 발휘했다. 대담한 기획으로 선수를 정상에 올려놓는 재주가 있었다. 이 재주는 통찰과 신뢰에서 비롯되었다. 김영기는 무명의 신인 이규창을 일약 스타덤에 올려놓은 한 경기를 기억했다.[07] 주기선은 한국은행과의 경기에서 이규창으로 하여금 상대팀 간판스타 문현장을 수비하게 하였다. 이규창의 플레이 특성과 장단점을 모두 헤아렸기에 가능한 선수기용이었다. 이규창은 문현장을 잘 막아 농협 팀의 승리에 크게 기여하였다. 이 경기를 계기로 이규창은 남자농구의 스타로 떠올랐다. 이후 구성된 남자농구 대표선수 후보에 심심찮게 이름을 올렸다.

---

07 김영기는 자주 그래왔듯 이번에도 연도나 날짜를 밝히지 않은 가운데 '어느 해 종합 선수권대회'라고만 적었다. 이 대회는 1962년 11월 20일부터 24일까지 연세대학교 체육관에서 열린 제17회 전국남녀농구종합선수권대회일 것이다. 농협은 제15회, 16회 대회 연속 우승팀인 한국은행을 제압하고 우승을 차지했다. 농협은 24일에 열린 한국은행과의 경기에서 86-74로 이겼다. 이규창은 이 대회가 끝난 뒤 11월 27일 대한농구협회가 발표한 남자우수선수 24명 가운데 이름을 올렸다. 이들은 여러 차례 합숙훈련과 강화훈련 등을 거치며 1964년 도쿄올림픽에 참가할 대표선수 12명으로 압축됐다. 이규창은 마지막 관문을 통과하지 못해 올림픽에 나가지 못했다.

신봉호

김영기는 1963년 중소기업은행으로 소속을 옮긴 다음 은퇴할 때까지 신봉호와 호흡을 맞추었다. 그러므로 김영기가 만난 마지막 코치다. 신봉호는 작전을 수립하는 데 탁월한 능력을 발휘했다. 그가 세운 작전은 실패하는 경우가 드물었다. 경기를 하는 동안 발생하는 변수에 대응하는 임기응변도 대단했다. 그러나 김영기는 한동안 신봉호의 농구를 이해하는 데 어려움을 겪었다. 신봉호에게는 남다른 면이 있었다. 훈련장에 좀처럼 모습을 보이지 않았던 것이다. 김영기는 코치가 훈련을 지휘하거나 관찰하지 않고 선수의 특성을 파악하거나 실력을 향상시키기는 어렵다고 생각했다. 그러나 실제 경기를 하면서 그의 생각은 바뀌었다.

신봉호는 무엇보다 선수들의 상태를 날카롭게 파악하여 선수교체 시점을 정확하게 포착하여 실수가 없었다. 그의 선수교체는 늘 적중했다. 또한 경기의 흐름을 읽는 눈이 밝고 시야가 넓었다. 김영기는 신봉호의 장점의 잘 드러난 사례로 기독교 선교를 위해 구성된 미국 빅토리 팀의 내한경기와 워싱턴대학 팀의 내한경기를 들었다. 기업은행은 1963년 6월 22일 장충체육관에서 열린 빅토리 팀과의 경기에서 95-88로 승리했다. 또한 1965년 8월 28일 장충체육관에서 워싱턴대학 팀을 57-56으로 제압했다. 워싱턴대학 팀은 하루 뒤 대한민국 남자농구 대표 팀을 69-57로 꺾을 정도로 강한 팀이었다. 김영기는 신봉호의 정확한 상황 판단과 선수교체를 통한 체력안배 등이 승리의 원인이었다고 판단했다. 뿐만 아니라 신봉호는 김영기의 스타 기질을 살려내는 농구철학의 소유자이기도 했다.

이분의 작전이 적중하는 데에는 그럴 만한 이유가 있다고 생각한다. 한 마디로 말해서 신 코치는 선수들의 플레이를 신임하는 분이다. 대개의 코치들이 선수들의 플레이에 불안을 갖고 안전한 플레이를 요구하는 데 비해서 신 코치는 선수들을 절대적으로 신임하는 경향이 질다. 어떤 면으로 보아서는 위험한 일이나, 이 위험을 적절한 선수교체로 커버한다. 이 위험이라는 것은 어떤 선수나 가지고 있는 특성이다. 선수는 누구나 모험적이고 화려한 플레이를 하고 싶어 한다. 단 5분, 후보선수로 기용된다고 해도 자신이 만족할 수 있는 화려한 플레이를 하고 싶어 한다. 이것이 팀워크를 저해하는 원인도 된다. 그러나 신 코치는 이 위험스러운 플레이를 관대하게 용인한다. 그리고 각 선수들의 특성과 그날의 컨디션과 선수의 위험도를 묘하게 화합해서 그 경기의 콤비네이션을 창안해 내는 것이다. 나는 이 점이 이 분의 훌륭한 전술이라고 생각한다. 이분과 함께 코트에 들어서면 언제나 안심하고 경기를 할 수 있었다.

존 번

또한 『갈채와의 밀어』에서 꼽은 일곱 명에 들지는 않았지만 미국인 코치 존 번의 영향도 무시할 수 없다. 전술한 바와 같이 존 번은 광복 후 처음으로 한국 농구선수들에게 미국식 농구를 가르친 인물로 역사에 이름을 남겼다. 다시 한 번 간략히 정리하면 그는 광복 후 처음으로 한국을 방문해 선수들을 지도한 미국인 지도자인데, 조동재(전 ABC사무총장, 대한농구협회 부회장)가 근무하였던 아시아재단 초청으로 1955년 8월 내한해 3개월 동안 대학생 선수들을 지도하였다.

김영기는 존 번 코치와의 만남에 큰 의미를 부여하였는데, 특히 기술적인 면에서 선수의 자율적인 훈련과 새로운 동작에 대한 호기심을 고양하는 코칭 기법에 깊은 인상을 받은 것으로 보인다. 김영기는 동아일보와의 인터뷰에서 "미국인 존 번 코치 밑에서 4개월 동안 연습한 게 오늘의 밑거름이 되었죠."라고 술회하기도 하였다.(동아일보, 1964. 12. 19). 뿐만 아니라 노년에 이르러서도 자주 존 번의 지도를 받았던 시절의 기억을 떠올리고 의미를 부여하였다.

정상윤의 증언에 따르면 존 번이 이때 대학 선수들을 지도하면서 이전까지 일반적으로 사용되지 않았던 원 핸드 슛 기술을 집중적으로 훈련했다고 한다(대한농구협회, 1989: 301). 이전까지는 대부분의 선수가 투 핸드 세트 슛을 구사하였으며, 원 핸드 점프 슛 기술이 전래된 다음에도 투 핸드 세트 슛을 구사하는 선수가 적지 않았던 것으로 보인다. 일례로 1955년 7월 15일자 대한뉴스는 한국의 남자 팀과 미국 빅토리 팀의 친선경기를 보도하였는데 이 경기에서 한국 팀의 한 선수가 골 정면 자유투 라인의 뒤쪽에서 두 손으로 슛하는 모습이 잘 나타나 있다(대한뉴스. 1955. 7. 15).

당시 우수학생으로 선발된 30명에 포함되어 존 번의 지도를 받은 염철호는 매우 상세히 지도 내용을 기억하였다. 염철호에 의하면 번은 주전 선수 몇 명에 의존하는 경기 방식을 버리고 한 팀 12명을 고루 기용하는 '토털 바스켓볼(Total Basketball)'의 필요성을 역설하였으며, 경기의 중심은 수비에 두되 시종일관 상대 선수를 따라붙어 강하게 압박하는 '올 코트 프레스(All Court Press)'를 구사하도록하였다. 이러한 농구는 강한 체력을 요구했기 때문에 기초체력 훈련에 많은 노력을 기울였다고 한다.

존 번 코치는 경복고 체육관에서 한국 선수들을 처음 만났다. 이 자리에서 그는 "바벨이 필요하다"며 기초 체력 강화를 강조했다. 근육을 키우면 유연성이 떨어진다는 당시 고정관념을 깬 언급이었다. 이 때문에 한국 선수들은 몇 달 간은 공 없이 체력훈련에 임해야 했다. 얼마가 지나 선수들의 기초체력이 다져졌다고 생각한 존 번 코치는 한국농구에 기술을 덧입히기 시작했다.[08]

08　https://www.stnsports.co.kr/news/articleView.html?idxno=11152

세계농구 체험

김영기는 『갈채와의 밀어』에서 자신이 해외로 나간 횟수는 16회이며,[09] 그 결과 거의 전 세계 팀을 만났다고 했다. 이 기억을 더듬어 '외국 선수 소묘(素描)'라는 제목으로 외국 팀과 선수에 대한 스케치를 남겼다. 그는 "원래 선수들은 경기를 할 때 자기의 성격, 버릇 같은 것이 플레이에 그대로 나타난다. 특히 단체경기일 경우, 그 국민성이 반영되는 것은 재미나는 일이다."라고 적었다. 김영기의 기록을 정리한다.

프랑스

프랑스 팀은 두말할 것도 없이 멋쟁이 팀이다. 그들이 입고 나오

---

09 '은퇴의 변'에서는 15회라고 밝혔다.

농구인 김영기

는 유니폼부터가 벌써 파리의 모드를 연상할 정도로 색다르다. 그들이 올림픽에 달고 나오는 배지의 도안도 예술적인 냄새가 물씬 나게끔 멋쟁이다. 그렇다고 해서 그들의 유니폼이 화려하다는 것은 아니다. 적은 돈을 들였어도 멋있는 디자인으로 풍아(風雅)를 느끼게 한다.

또 하나, 프랑스팀의 특징으로는 여자를 빼놓을 수 없다. 언제나 그들이 경기하는 코트의 벤치 주변에는 선수들보다 많은 수의 여자들이 기성(奇聲)을 발하면서 응원을 한다. 하프 타임 때에도 작전지시를 받기 위하여 코치에게 가는 것보다는 걸 프렌드와 환담을 하고 나올 정도라면 프랑스 선수와 여자와의 관계를 충분히 짐작하고 남을 것이다. 경기를 불과 몇 시간 앞두고 포도주를 즐겨 마시는 것도 예사이다. 올림픽에 참가하는 선수의 사기를 돋우기 위해 드골 대통령이 선수들에게 준 선물이 샴페인이라는 데야.

게임이 승리로 끝났든 패전으로 끝났든, 게임이 끝나면 프랑스팀 벤치에서는 잠시 진기한 러브 신이 벌어진다. 마치 이들은 자기의 걸 프렌드를 위해서 싸우는 듯한 인상이다.

소련

여기에 비해서 소련 선수들이 게임하는 것을 보면 '벙어리 경기'다. 그들은 아무런 표정이 없다. 자신의 파인 플레이에 만족할 줄도 모르고, 팀 메이트의 파인 플레이를 칭찬할 줄도 모른다. 상대 팀에게 지고 있어도 초조해 하는 표정이 없고, 이기고 있어도 만족해하는 표정이 없다. 그들의 얼굴에서 표정을 빼앗아서 강제노동수용소에라도 보냈는지 도대체 게임에 대한 그들의 감흥을 발견하기가 어렵다. 마치 코트 안에서 충실히 플레이를 하는 것만이 그들의 의무인 것처럼. 심지어는 경기를 마치고 체육관 밖으로 나오는 그들의 얼굴을 바라보고 그들이 이겼는지 졌는지 모를 정도다. 한 말로 말해서 소련 팀의 인상은 운동을 하는 즐거움이란 없는 것 같았다.

스페인

스페인 팀의 플레이가 또 걸작이다. 투우의 나라, 정열의 나라이기 때문에 그런지는 몰라도 정열적인 플레이를 한다. 게임을 정열적으로 운영한다는 것은 파이팅이 있어 좋지만, 이들의 정열은 다분히 희극적이다. 가령 팀 메이트들 간에 콤비네이션이 안 맞아서 공격을 하다가 미스 패스가 생기면 백 코트하여 수비에 들어가기 전에 벤치에 우우 몰려간다. 코치 앞에 모인 이들은 제각기 손짓 발짓 큰 소리로 코치에게 하소연을 한다. 그 동안에 상대 팀은 노 마크 찬스로 여유 있게 슛을 성공시킨다. 코치 역시 두 손을 벌리기도 하고 손바닥으로 자기 이마를 때리기도 하며 맞장구를 친다. 이렇게 되면 심판은 빨리 경기를 진행하라고 야단이다. 한참을 떠들고야 선수들은 경기를 다시 진행한다. 반면에 팀 메이트가 멋진 플레이를 하면 나머지 네 선수는 그 선수에게 달려가서 이마에 키스를 퍼

붓는다. 미스를 변명하는 선수, 팀 메이트의 파인 플레이를 칭찬하는 포옹, 팀 메이트의 실수를 비난하는 억센 손짓, 스페인 선수들의 게임은 이런 것으로 연속된다. 도쿄올림픽 권투 경기에서 스페인의 어떤 선수가 경기 도중 실격을 선언받자 경기 중에는 한 번도 써 먹지 못한 강력한 라이트 스트레이트를 심판 안면에 적중시킨 일도, 어떻게 보면 이해할 수 있는 일이다. 그래서 스페인 선수들의 게임은 플레이보다 이 구경이 더 볼 만하다.

일본

일본 선수들의 플레이는 그들의 국화(國花) 벚꽃과 아주 흡사한 데가 있다. 그들은 자기 컨디션을 유지하면서 계속해서 밀고 나가는 법이 없다. 어떠한 게임이든지 꼭 몇 개의 힘든 고비가 있는데, 아리랑 고개처럼 넘기가 힘들다. 일본 팀은 다행히 이 고개를 넘어서면 벚꽃이 일시에 피듯 파인 플레이가 쏟아져 나온다. 그러나 다시 고개를 만나면, 벚꽃이 일시에 지듯 한 동안 슬럼프에 허덕인다. 이들에게는 부분적인 끈기는 있어도 전 게임을 통한 지구력은 찾아보기 힘들다. 꼭 벚꽃이 피었다가 지는 것 같다.

미국

미국 팀은 이에 비해서 지나치게 승부에 집착하고 저력(底力)이 있다. 그래서 그들의 플레이는 처음부터 마지막까지 상대 팀에게

중압감을 느끼게 한다. 때로 아마추어 경기에서 지나치게 승부에 집착한다는 것은, 비신사적인 플레이를 할 가능성을 시사하는 것인데, 바로 미국 팀이 그렇다. 강자로서의 자만심이 없고 책임감이 충실하다. 자기가 마크할 선수의 공격을 봉쇄하기 위해 수단방법을 가리지 않는다. 이 책임감은 비단 코트 안에서만 나타나는 것이 아니고, 사생활에서도 엿볼 수 있다. 술과 담배를 입에 대지 않는데, 이것은 코치의 명령에 의해서가 아니라 자율적으로 그렇게 하고 있는 것만 보더라도 얼마나 책임감에 충실한가를 알 만하다. 그들의 경기에 대한 치밀한 계획을 보면 더욱 놀랄 만하다. 올림픽 경기에서 농구종목은 다른 나라가 미국을 뒤따를 수 없다는 것이 일반의 의견이다. 그런데도 이들은 다른 나라가 생각조차 하지 않는 작은 면에까지 신경을 쓴다. 예를 들면 경기장의 관중들이 피워대는 담배연기 때문에 (방해를 받을 수도 있는) 선수들의 컨디션을 염려해서 훈련장에 숯불을 피워 놓고 훈련했다고 한다. 아무튼 이들은 어느 나라 선수들보다 승리욕이 강하다.

필리핀

가장 비신사적인 플레이를 하는 나라는 역시 필리핀 팀일 것이다. 이들은 플레이를 하려고 코트 안에 들어온 것이 아니라 반칙을 하려고 들어온 것 같은 인상이다. 이들의 반칙 작전은 정말 볼 만하다. 멋모르는 스타플레이어가 이 팀에 잘못 걸리면 타임 인의 버저가 올리자마자 부상을 당할 정도다. 이들의 농구 기술 중에는 교묘히 상대를 다치게 하는 특기라도 있는지 모르겠다. 1960년 로마올림픽 대회 농구 경기에서 강자 스페인 선수들은 필리핀 선수들의 반칙에 손을 들고 말았다. 경기가 시작되자마자 필리핀 선수는 스페인의 스타플레이어 두 선수의 눈을 손가락으로 찔러 경기장에서 병원으로 보내 버렸던 것이다. 아무리 파이팅이 좋은 스페인 팀도 이들에게는 당할 수가 없었다. 내가 필리핀 팀과 대전할 때에도 가장 애먹은 것이 이 점이다. 볼을 잡으면 빨리 다른 선수에게 패스해 주는 것이 신변에 안전할 정도다. 스크린 블록을 할 때에 몸이 가까이 닿기만 하면 교묘하게 심판의 눈을 피해서 강한 펀치가 나의 복부로 날아온다. 와일드 플레이를 하기로는 우루과이, 스페인, 태국 팀들도 마찬가지지만 역시 금메달을 차지할 팀은 필리핀 팀인 것 같다. 이들 와일드한 팀끼리의 대전을 볼 수 있다면 관중들은 농구장에서 럭비, 복싱, 레슬링 경기를 한꺼번에 볼 수 있어 좋을 것이다.

자유중국

자유중국 팀은 얼마 만큼의 실력을 가졌는지 추측할 수 없는 팀이다. 이들의 플레이는 호호(好好) 플레이! 한 번 발에 땀만 나면 무섭게 치솟는 팀이다. 발에 땀이 났을 경우에 이들의 플레이를 보면 모두 미남(美男)이다. 생긋생긋 웃어가면서 여유 있는 플레이를 한다. 그러나 일단 사기(士氣)가 떨어지면 이들은 곰이 된다. 그러므로 중국 팀과 대전할 때에는 기선(機先)을 잡지 못하면 안심할 수 없다. 언제 어느 팀과 맞붙어도 승부는 이미 전반전에 결정된다.

멕시코·캐나다

내가 겪어 본 팀 중에서 가장 깨끗하고 안전한 플레이를 하는 팀은 멕시코와 캐나다 팀이었다. 이들은 스포츠맨십을 보이기 위한 플레이와 같이 가장 신사적인 플레이를 한다. 가령 할 수 없이 파울을 한 경우에는 꼭 상대방 선수를 찾아와서 사과를 한다. 그렇다고 해서 플레이에 파이팅이 없는 것은 절대 아니다. 투지만만한 플레이를 하면서도 상대팀에게 지녀야 할 예의를 충분히 지키는 그런 신사 팀이다. 멕시코와의 경기에서 역전패를 당하고 숙소에 돌아온 우리에게 멕시코 선수들은 작은 선물과 함께 위로의 뜻을 전해 왔다. 이것만 보더라도 그들이 예의 바른 선수라는 것을 가히 짐작할 수 있다.

은퇴

앞에 정리했듯이, 김영기는 1966년 2월 12일 은퇴를 선언했다. 장충체육관에서 열린 연세대와의 제20회 전국남녀농구종합선수권대회 결승전에서 기업은행을 승리(93-85)로 이끈 다음의 일이었다 (조선일보, 1966년 2월 13일). 김영기는 걸출한 기량을 지닌 선수로서 주요 국제대회에서 뛰어난 경기력을 발휘함으로써 전국적인 스타로 부각되었다. 그가 전례 없는 개인기술과 준수한 외모로 인기를 끌던 시기는 텔레비전 문화가 대중화되기 전이지만 라디오 중계는 활발했다. 그런 점에서 볼 때 김영기는 이전 세대의 선수들에 비해 운이 좋았다. 일제강점기에도 기량이 뛰어난 선수는 없지 않아서 이성구, 장이진, 염은현 등 강점기 조선의 뛰어난 선수들은 1936년 일본대표로 베를린올림픽에 참가할 정도였다(조선일보, 1936년 2월 2일). 하지만 그때는 농구가 아직 대중화되기 전이었고, 스포츠와 체육을

연도	대회(장소)	직책	선수	결과
1969	아시아선수권 (태국)	코치	김영일, 신동파, 조승연, 이자영, 서상철, 신현수, 유희형, 곽현채, 박한, 최종규, 김인건, 이인표	우승
1970	세계선수권 (유고)	코치	김영일, 이인표, 김인건, 신동파, 신현수, 이병국, 최종규, 박한, 곽현채, 유희형, 윤정근, 추헌근	11위
1970	아시아경기대회 (태국)	코치	김영일, 이인표, 김인건, 신동파, 신현수, 윤평로, 곽현채, 유희형, 박한, 최종규, 이자영, 추헌근	우승
1973	아시아선수권 (필리핀)	감독	신동파, 박한, 곽현채, 유희형, 이자영, 최경덕, 강호석, 이광준, 박형철, 이보선, 김동광, 최종규	2위
1974	아시아경기대회 (이란)	코치	곽현채, 이자영, 이광준, 차성환, 강호석, 이보선, 김경태, 황재환, 최경덕, 유희형, 김동광, 김인진	2위
1975	아시아선수권 (태국)	코치	곽현채, 유희형, 이자영, 강호석, 황재환, 이광준, 김인진, 이보선, 박형철, 김동광, 김형년, 신선우	3위

표 5. 김영기의 대표 팀 지도 실적 (출처: KBA)

전문적으로 다루는 미디어도 존재하지 않았다.

스포츠의 대중화는 미디어의 발전과 밀접한 관련을 가진다. 미디어는 스포츠 산업의 핵심 유통채널로 스포츠의 확산과 대중화에 중요한 역할을 수행해왔다. 특히 스포츠 스타는 미디어를 통해 유통되는 주요 콘텐츠로서 스포츠 산업의 핵심제품으로도 인식된다. 스포츠 스타는 스포츠 분야에서의 성공을 바탕으로 대중으로부터 영웅이나 유명인으로 받아들여지는 대상으로서(오기철·김승곤, 2014), 스포츠 산업과 문화 영역에서 큰 파급력을 갖는다(박상윤·김태희·장경로, 2014). 스포츠가 텔레비전이나 라디오 등 방송 매체에 의해 대중화한다는 점을 감안하면(유상건·김용은·서원재, 2019) 일제강점기나 광복 직후는 대중 스포츠 스타가 나타나기 어려운 시기였다고 본다. 베를린올림픽에 나간 농구선수 이성구, 장이진, 염은현과 축구선수 김용식, 마라톤 선수 손기정과 남승룡의 경기 결과는 동아일보나 조선중앙일보와 같은 신문 매체를 통하여 전달되었다. 그렇다면 이들은 아주 얇은 수준에서 미디어의 혜택을 누렸다고 할 수 있다. 광복 후 첫 올림픽인 1948년 런던올림픽에는 장이진, 김정신, 조득준, 이상훈 등 일제강점기부터 활동한 농구선수들이 나갔다. 당시 언론은 특별히 선수에 주목하지는 않고 경기 결과를 전달하는 데 주력하였다.

김영기와 동시대에 활약한 인물 가운데 2023년 현재 활동하는 인물은 찾기 어렵다. 그와 절친한 사이였던 백남정은 2005년 8월 26일 세상을 떠났다(서울신문, 2005년 8월 27일). 김영기의 선수 시절 활약과 영향력을 짐작할 수 있는 방법은 그와 활동 기간이 겹치는 후배 세대의 증언이다. 이들은 훗날 지도자가 되어 한국농구를 이끌게 된다.

김영기는 대표적인 골게터였다. 국제무대, 특히 아시아의 강호인 필리핀, 대만, 일본 등에 잘 알려진 스타였으므로 늘 강한 수비수를 상대했다. 일대일 능력이 탁월했다. 점프가 높고 체공시간이 길었다. 먼 거리에서 던지는 슛도 정확했다. 당시는 우리 남자농구가 투 핸드 점프 슛의 시대에서 원 핸드 점프 슛의 시대로 넘어가는 변혁기였다. 김영기는 이 시대의 선두주자다. 후배들은 여러 면에서 그를 존경했다. '아, 농구는 저렇게 해야 하는구나.'하고 생각했다. 매너도 훌륭했다. 누가 지도하든 코치의 지시를 존중했다. 해외에 나갈 때 그는 꼭 책을 가져갔다. 그 중에는 소설책도 있었고, 영어로 된 원서도 있었다.(방열)

김영기는 올라운드 플레이어였다. 그의 경기 수준은 훗날 등장하는 허재 이상이었다. 당시에는 드리블을 많이 하거나 남다른 기술을 시도하면 코치의 비판을 받던 시절이다. 그러나 김영기는 비하인드 백 드리블, 레그 스루 드리블, 비하인드 백 패스 등 요즘도 묘기에 속하는 기술을 구사했다. 감독들은 그에게 매 경기 40분을 모두 뛰게 했으므로 체력소모가 극심했다. 김영기는 자기 절제가 철저했고 쉬는 시간에도 경기를 중심으로 집중했다. 후배의 훈련이나 생활태도가 불량하면 불러서 꾸짖었다. 농구 기술을 과시하거나 강요한 적도 없다. 그러나 후배가 질문을 하면 성심껏 지도해 주었다.(김인건)

고등학교 3학년 때 국가대표 상비군이 된 다음 3년 동안 대표 팀에서 함께 생활했다. 아시아 무대에서는 김영기를 막을 상대가 없었다. 두세 명이 막아도 헤치고 들어가 슛을 하거나 동료에게 빼주었는데 패스가 정확했다. 선배로서는 흠잡을 데 없는 인격자였다. 후배에게도 예의에 어긋나는 언행을 하지 않았다. 그 모습을 존경했기 때문에 연세대를 마친 뒤 김영기의 뒤를 따르고 싶어 기업은행에 입사했다. 대표선수가 된 지 3년쯤 지났을 때는 김영기와 포워드 자리에서 경쟁하는 입장이 되었다. 김영기가 은퇴를 선언했을 때는 거대한 벽이 사라지는 것 같은 해방감도 느꼈다.(신동파)

해설가, 지도자, 체육행정가

　농구 코트를 떠난 김영기는 기업은행 청량리지점에서 은행원 생활을 시작했다. 1967년 9월 제4회 아시아남자농구선수권대회가 서울에서 열리자 동양방송(TBC)의 중계방송 해설을 맡았다. 그는 대회 참가 선수에 대한 소상한 설명과 정확한 승부 예측으로 인기를 끌었다(중앙일보, 2004년 7월 8일).

　1968년 들어 기업은행은 김영기에게 농구팀 코치를 맡겼다. 1969년 여름에는 농구협회가 아시아농구선수권대회를 앞두고 그를 대표 팀 코치로 선임했다(동아일보, 1969년 9월 22일). 감독은 박상영이었지만 팀의 관리자 역할이었고, 선수 훈련과 경기 운영은 김영기가 전담했다. 김영기는 이 대회에서 한국을 사상 첫 우승으로 이끌었다(중앙일보, 2004년 7월 9일). 1970년 5월 제6회 세계 남자농구선수권대회가 유고에서 개최되자 한국은 아시아 대표로서 참가했다. 주력

선수는 1969년 아시아를 제패한 선수들이었다. 김영기는 강재권 감독을 보좌했다. 한국은 예선리그 1승 2패, 하위리그 3승 1패를 기록해 종합순위 11위를 기록했다(중앙일보, 2004년 7월 13일). 한국은 1970년 아시아경기대회에서도 우승했다. 김영기는 1973년 아시아선수권대회부터 감독을 맡아 이 대회에서 준우승을 기록했고 1974년 아시아경기대회에서도 준우승했다. 1975년에는 아시아농구선수권대회 3위를 기록한 뒤 농구 코트를 완전히 떠나 은행원 신분으로 돌아갔다(중앙일보, 2004년 7월 20일).

김영기는 경기인으로서뿐 아니라 직업인과 스포츠 행정가로서 모두 성공적인 삶을 누렸다. 그는 1960년 6월 농업은행에 들어가 직장생활을 시작했다. 3년 뒤 기업은행으로 옮겨 1994년 신보창업투자 사장직에서 물러날 때까지 30여년을 금융인으로 살았다. 1976년 6월 신용보증기금 창립과 함께 총무부장을 맡아 기획부장, 심사부장, 업무개발부장 등 요직을 두루 거쳤다. 1991년 봄 자회사인 신보창업투자 대표이사를 맡아 독립했다가 1994년 퇴직했다(중앙일보, 2004년 7월 20일). 1980년 2월 대한체육회 이사가 된 김영기는 1982년 대학스포츠위원회 위원장, 1983년 5월 대한체육회 부회장, 1984년 로스앤젤레스올림픽 한국선수단 총감독, 1985년 대한체육회 선수자격 심사위원장, 1989~1996년 대한농구협회 부회장 등으로 일했다. 1996년 한국농구연맹(KBL) 창설의 주역으로서 대한민국 농구의 실업 시대를 마감하고 프로 시대의 문을 연 인물이기도 하다. 그는

1996~1999년 KBL 전무이사, 1999~2002년 KBL 부총재를 거쳐 2002년 11월부터 2004년 4월까지 제3대 KBL 총재를 지냈다. 2014년 7월 다시 한 번 KBL 총재를 맡아 2018년까지 일했다(이익순 외, 2005: 153).

KBL의 창설, 즉 프로농구 출범은 스포츠 행정가로서 김영기의 업적 가운데서도 존재감이 선명하기에 조금 살펴볼 필요가 있다. 김영기는 김인건, 이인표, 조승연, 최종규 등 한국농구사에 선명한 업적을 남긴 주요 인물들과 더불어 프로농구 창설을 위한 연구와 자료 조사, 실무 작업을 병행하는 한편 대학과 실업을 중추로 하는 아마추어 시스템을 프로농구가 주도하는 체제로 이행토록 하기 위한 제도적 전환 작업을 주도적으로 해냈다는 점에서 한국프로농구 리그의 산파라고 불러도 지나친 표현은 아니다. 이와 관련한 김영기의 역할 내용은 2004년 6월 중앙일보에 게재된 그의 회고록을 통하여 상당 부분 확인할 수 있다. 김영기의 중앙일보 기고는 체육부 기자 성백유의 진행과 정리로 이루어졌다. 김영기가 집필하지는 않았지만 그의 구술을 경험 많은 기자가 사실에 부합하게 받아 적었기에 자료로서 가치가 높다고 판단한다. 아래에 프로농구 창설과 관련된 부분을 갈무리한다. 김영기의 회고는 특이하게도 KBL에서의 경력을 마무리하는 시점에서 시작된다.

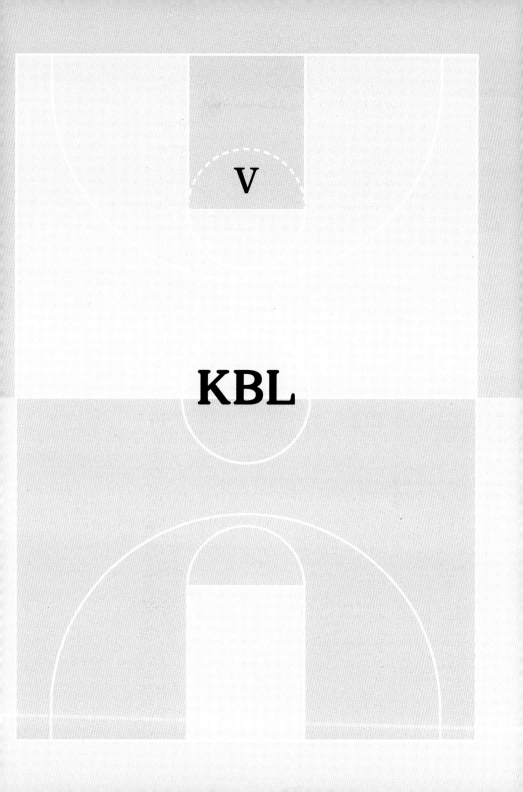

V

KBL

마지막 염원

2004년 4월 26일 오전, 서울 논현동의 KBL 회의실에 LG와 모비스를 제외한 8개 구단 단장들이 모였다. 그들은 저마다 구단주의 위임장을 들고 왔다. 이 날 새로운 총재를 선출하기 위한 총회가 열렸다. 총회는 만장일치로 김영수 전 문화체육부 장관을 추대했다. 이로써 프로농구 출범을 기획하고 진행하였으며 마침내 KBL 리그의 정착을 주도한 김영기의 오랜 여정은 끝났다. 훗날 KBL의 요청을 받아 다시 한 번 총재직을 수행하지만 김영기는 내심 새 총재가 뽑히는 이 순간을 영원한 작별의 기회로 받아들인 것이다. 그는 마음속으로 부르짖었다고 한다.

"이제 나는 자유인이다! 맘껏 여행도 다니고, 글도 쓰고, 부담 없이 농구 경기도 즐기면서 볼 수 있게 됐다."

보람도 컸고 긍지도 느꼈지만 그만큼 힘들고 어려운 일도 많았다. 그런 KBL을 떠나려니 만감이 교차했다. 농구협회 이사회에서 맨 처음 프로화를 주장했던 일, 그리고 연구모임과 준비위원회를 이끌면서 숱한 반대에 부딪힌 일. 특히 졸업생을 실업팀에 공급하고 지원금을 받는 시스템이 정착되어 있던 시기여서 대학들의 반대가 극심했다. 하지만 김영기가 프로농구 출범을 추진한 1990년대 초의 흐름은 더 이상 대학과 실업 중심의 아마추어 시스템으로 유지해 내기 어려운 분위기로 치닫고 있었다. 미국프로농구(NBA)가 녹화 또는 하이라이트의 형태로나마 지상파 텔레비전으로 중계되었고, 농구 팬들은 주한미군 방송 등을 이용해 생중계를 관전하는 상황이었다. '마지막 승부' 같은, 농구를 소재로 삼은 청춘 드라마가 브라운관을 지배하는가 하면, 일본 만화를 들여다 번역한 '슬램덩크'가 청소년들 사이에서 폭발적인 인기를 끌고 있었다.

사실 프로출범 이전의 국내 농구는 남녀를 불문하고 '농구대잔치'를 중심으로 운영되고 있었다. 농구대잔치는 아마추어 리그라고는 하지만 겨울 시즌을 이용해 장기간 운영되었다. 뿐만 아니라 긴 리그를 마친 뒤 상위팀의 토너먼트로 우승팀을 가려내는, 미국의 프로농구 시스템과 다를 것 없이 운영되는 리그였다. 선수들의 신분만 소속 팀의 모기업에 취직이 되어 있는 '사원'이었고 농구선수로서 계약한 연봉이 아니라 기업의 임금 체계에 따른 월급을 받았다는 점에서 경기력과 성적을 평가받고 연봉 계약을 하는 프로선수들과 달랐을 뿐이다. 또한 이 무렵 김영기는 50대 후반으로서 새로운 일에 도전하고자 하는 의욕 충만한 나이였다. 어렵게나마 프로 농구를 출범시킨 다음에도 격무를 피할 수 없었지만 에너지가 고갈된 경우는 결코 없었다. 윤세영 초대 총재를 보좌하는 전무와 부총재 직을 잇달아 맡으면서 프로농구의 기틀을 다져 나갔다. 그가 총재직을 이어받은 것은 자연스럽고도 당연한 수순이었다고 볼 수 있다.

그런데 김영기는 왜 총재직을 스스로 내려놓았을까. 발단은 2003년 12월 20일에 터진 프로농구 최초의 몰수게임 사태다. 훗날 KGC로 매각되는 안양 SBS 스타즈가 안양체육관에서 전주 KCC 이지스를 상대로 2003-2004시즌 프로농구 홈경기 도중 4쿼터 중반 심판 판정에 불만을 품고 경기를 포기함에 따라 몰수게임이 선언된 것이다. SBS가 68-75로 뒤진 상황에서 수비하던 외국인 선수 알렉스 칼카모가 파울을 당하자 SBS 감독 정덕화가 사이드 라인으로 뛰쳐나가 항의했다. 어지러운 가운데 코트 한가운데서 큰소리로 불만을 터뜨린 SBS의 또 다른 외국인 선수 앤서니 글로버에게 테크니컬 파울이 선언되자 정덕화는 재차 항의하다 테크니컬 파울을 선언당했다. 이미 한 차례 테크니컬 파울을 당했기에, 두 번째 테크니컬 파울은 곧 퇴장을 의미했다. 정덕화가 벤치를 떠난 뒤 KCC는 추승균과 찰스 민렌드가 자유투 3개를 잇따라 성공시킨 뒤 경기 재개를 기다렸다. 정덕화를 대신해 SBS 팀을 지휘해야 할 코치 이상범은 선수들을 불러들인 다음 주심 박웅열의 종용에도 불구하고 코트에 들여

보내지 않았다. 박 주심은 5분여가 지나도록 선수들이 코트에 나서지 않자 몰수게임을 선언했다.

김영기는 이튿날 서울 강남구 신사동 KBL에서 기자회견을 열고 "프로스포츠에서 도저히 일어날 수 없는 일이 일어났다. 심판 재량에 의한 경기 중단 사태에 책임을 지고 자리에서 물러나겠다."고 말했다. KBL의 조치는 매우 강경해서 총재의 사퇴에 그치지 않았다. 상근이사인 이인표 경기위원장과 박효원 사무국장, 유희형 심판위원장까지 줄줄이 옷을 벗었다. SBS 구단에 대해서는 제재금 1억 원을 부과했다. 규정 최고 금액이었다. KBL은 또 SBS 단장 이충기에게 2005시즌까지, 코치 이상범에게 2006시즌까지 자격 정지를 결정했다. 관련 심판들에겐 경기 배정을 중지하고 절차에 따라 책임을 묻기로 했다. 문제가 된 경기는 관련 규약에 따라 KCC가 20-0으로 이긴 것으로 했고, 경기가 중단되기 전까지 선수들이 남긴 개인기록은 인정했다. 하지만 SBS는 강하게 반발했다. 우선 KBL이 부과한 벌금을 거부했고 법적 대응도 시사했다. 이충기는 2004년 1월 7일 "지난 몰수게임은 계획적인 것이 아니라 우발적인 사건이었다. 따지고 보면 게임도 지연시켰을 뿐이지 포기한 것이 아니다. 제재금을 꼭 내야 하는지에 대해 법적 검토를 하고 있다."고 밝혔다.

김영기는 사퇴를 선언할 때, "2003년 12월 22일 이사회를 소집해 이른 시일 안에 후임자를 결정하겠다."고 했다. 그의 선언 이후로 주변의 만류가 적지 않았지만 사퇴의사를 굽히지 않았다. 결국

2003-2004시즌을 마친 각 구단의 단장들은 새로운 총재를 물색했고, 프로농구 출범 당시 주무부서 장관이었던 김영수를 추대했다. 새 총재는 윤세영 전임 총재의 서울고-서울대 법대 후배로서 농구계의 반대에 부딪혀 KBL 출범이 어려움을 겪을 때 장관으로서 크게 도움을 준 인연이 있었다. 김영수는 법률가이자 관료로서 훌륭한 경력을 쌓은 신사였다. 그는 김영기와 만난 자리에서 정중하게 노고를 위로했다.

"그동안 고생하셨지요. 앞으로 잘 부탁합니다."

프로농구 연구

한국의 프로스포츠 출범은 군사정변으로 권력을 잡은 제5공화국의 정책과 무관하지 않다. 전두환 정권이 등장하기 전에 한국에 프로스포츠는 프로권투나 프로레슬링 정도가 있을 뿐이었다. 제5공화국은 '부정적 의미에서의' 문화 정책을 비교적 정교하게 구사하여 군사 쿠데타에 의해 비정통적 방식으로 집권한 정부의 국정운영에 유리한 국면을 만들어내는 데 부분적인 효과를 거두었다. '부정적 의미에서의 문화 정책'이란 그 정책을 통하여 정당하지 못한 집권 방식을 택한 정부에 대한 비난을 차단하거나 산란시키는 한편, 군사독재에 대한 민중의 저항이 갖는 힘을 약화, 분산시켰다는 점을 특히 강조한 표현이다. 제5공화국의 문화 정책이란 한 마디로 말해 '3S' 정책으로 귀결된다. 이 정책은 '정부에 의한 우민화'였다고 규정해도 과언이 아니다. 직업으로서의 스포츠, 즉 프로스포츠와 저급한 대중문화를 집중적으로 성장시킨 제5공화국의 스포츠 정책은 지금까지도 한국 사회에 긍정적이든 부정적이든 간에 많은 영향을 끼치고 있다.

한국 사회에서 프로스포츠가 본격적으로 시작된 시기는 제5공화국 시절이었다. 1982년 프로야구가 공식 출범했고, 이듬해 프로축구가 출범했다. '민속씨름'이라는 이름의 프로씨름이 시작된 것도 1983년이었다. 엄청난 드라이브가 걸리지 않고서는 이렇게 일시에 여러 종목의 프로화가 진행되기란 불가능하다. 당연히 1980년대 초반에 시행된 한국 스포츠의 프로화는 사회적 합의에 도달하는 정상적인 절차를 거치지 못했다. 스포츠종목 내부의 에너지가 자생력이라는 이름으로 숙성된 조건을 충족시켜 진행되었던 것이 아니라 강요된 프로화라고 보는 편이 온당하다. 결국 국가주도의 스포츠 정책과 관련짓지 않고서는 스포츠 프로화라는 현상을 단숨에 설명하기 어렵다.

한국 스포츠의 급격한 프로화는 전두환 정권 시절의 소위 '3S 정책'과 관련이 있다. 3S 정책이란 영화(screen)·스포츠(sport)·섹스(sex) 또는 스피드(speed)에 의한 우민(愚民) 정책이다. 흔히, 독재 정권의 국민 및 여론 통제 수단으로 간주되는 3S는 산업화와 개발의 진행에 따른 문화적 결과로서, 대개의 산업화 사회에서 일반적으로 나타나는 현상이다. 즉 대중을 이와 같이 3S로 유도해 우민화하고, 대중의 정치적 자기 소외와 무관심을 유도함으로써 지배자가 마음대로 대중을 조작할 수 있게 하는 정책이다. 식민지 정책에 있어서 순치(馴致) 정책의 한 전형인데, 쿠데타로 집권한 다음체육관 선거로 권좌에 오른 전두환은 국민들을 상대로 이 3S 정책을 쓴 것이다. 어찌됐든, 한국의 스포츠는 요동하기 시작했다. 농구인들은 변화를 감지했고, 위기의식을 느꼈다. 농구인들의 위기감은 1983년 겨울 시작된 '점보시리즈'로 구체적인 결과를 도출했다. 점보시리즈는 훗날 '농구대잔치'로 이름을 바꾼다. 이런 가운데 김영기가 주목한 현상이 있다.

1992년, 프로화에 박차를 가하게 되는 사건이 생겼다. 한국 여자농구의 최고 센터인 박찬숙이 대만에서 활약하다 국내 코트에 복귀, 태평양에서 뛰었다. 그러면서 태평양화학 텔레비전 광고(CF)에 출연했다. 현역 농구 선수가 광고에 출연한 것이다. 당연히(?) 농구협회에서는 '아마추어 선수가 광고에 출연해도 되는가.'라는 자격 논란이 일었다. 당시 국제 스포츠 무대는 프로와 아마의 구별이 없어졌고, 바르셀로나올림픽엔 프로선수의 출전도 허용됐다. 엄격하던 아마추어리즘은 점차 자취를 감췄고, 농구협회의 명칭도 대한아마추어농구협회(KABA:KOREA AMATEUR BASKETBALL ASSOCIATION)에서 대한농구협회(KBA)로 바뀔 정도였다. 결국 농구협회 이사회는 박찬숙의 텔레비전 광고 출연에 대해 '술·담배 등 청소년

에게 유해한 상품이 아닌 경우엔 선수들의 CF 출연을 허
용한다.'고 결정했다.

이 무렵 신보창업투자 사장이던 김영기는 당시 대한농구협회
회장을 맡은 삼양그룹 회장 김상하와 함께 경제사절단으로 유럽에
가게 되었다. 1970년대 초반부터 TBC와 KBS에서 농구 해설을 하
면서 NBA를 접촉할 기회가 많았던 그는 한국농구도 빨리 프로화해
야 한다는 소신을 갖고 있었다. 이 무렵 농구는 겨울철 스포츠의 총
아로 자리를 굳히고 있었다. 그뿐만 아니라 텔레비전 드라마와 청
소년 만화 등 대중문화의 모든 영역에서 농구가 대세를 이뤘다. 농
구대잔치가 열리는 체육관은 관중들의 열기로 가득했다. 대학농구
의 스타들이 누리는 인기는 아이돌을 연상케 했다. 김영기는 유럽
을 순방하는 동안 기회가 있을 때마다 김상하에게 "한국농구도 프
로화를 서둘러야 한다."고 강조했다. 노력은 헛되지 않았다. 김상하
는 결국 "프로농구를 연구 검토할 소위원회를 결성하라."고 지시했
다. 1993년, 김영기를 포함해 이인표 당시 삼성전자 부장, 조승연 당
시 삼성생명 총감독, 방열 경원대 교수, 박신자 등으로 이루어진 프
로농구 소위원회가 구성됐다. 1994년 7월에는 김인건 당시 삼성전
자 감독, 정광석 당시 현대전자 감독, 김홍배 당시 상무 감독, 최인
선 당시 기아 감독, 신동파 당시 서울방송 감독 등 실업팀 감독들이
대거 참여했다. 프로농구 연구모임은 이때부터 활기를 띠었다.

김영기는 한국보다 앞서 프로화를 실현한 필리핀에서 자료를 수집했고, 이인표는 NBA와 호주 프로농구의 자료를 구해왔다. 김영기는 각국의 프로농구 추진 현황을 비교해보면서 우리나라 프로농구도 성공할 가능성이 크다고 확신했다. 당시 SBS농구단 구단주였던 SBS 회장 윤세영을 골프장에서 만난 것도 이 무렵이다. 한양골프장 클럽하우스에서 김영기와 우연히 마주친 윤세영은 반색을 했다. 프로농구 이야기도 먼저 꺼냈다. "요즘 프로농구를 검토하고 있다면서요. 빨리 서둘러야지요. 이런 식으로 가다간 삼성과 현대 두 팀만 빼곤 모두 문 닫아야 될 거요." 윤세영은 열렬한 농구 팬으로서 해외 농구 소식에 밝았다. 미국 출장길엔 반드시 뉴욕의 매디슨 스퀘어가든에서 열리는 뉴욕 닉스의 경기를 관전하곤 했다. SBS는 1992년 3월 연세대와 중앙대 선수들을 주축으로 팀을 창단했으나 유망주들을 싹쓸이하는 삼성과 현대의 물량공세에 밀려 선수 스카우트에 어려움을 겪고 있었다.

프로농구 출범

　1994년 5월, 김영기는 대한농구협회 이사회에 1995년 출범을 전제로 한 '프로농구 연구보고서'를 제출했다. 그는 이사회에서 "뿌리 깊은 고액 스카우트와 실업·금융팀 간 경기력 불균형, 실업농구의 성장 둔화, 관중의 청소년 집중 문제 등을 해결하기 위해 프로화를 추진하고 있다."고 말했다. 그러나 이사회에서는 "아직 프로를 도입하기엔 시기상조"라는 의견이 많았고, 프로농구 연구보고서는 대의원 총회에 상정조차 못하고 해를 넘겼다. 그럼에도 성과가 아주 없지는 않았다. '프로농구 추진위원회'를 가동하며 팀당 3000만 원씩 출연해 예산도 확보했고, 서울 반포에 20평짜리 사무실도 마련했다. 1995년 말과 1996년 초 추진위원회 멤버들은 낮에는 농구대잔치 경기를 치르고 밤에는 사무실에서 KBL 정관의 틀을 잡고, 각종 규정을 하나 둘 만들면서 바쁘게 지냈다.

1996년 4월 2일. 사무실에 출근한 김영기는 프로농구 출범 일정을 자세히 보도한 경향신문의 스포츠 면을 보고 크게 놀랐다. 경향신문은 '프로농구 11월 22일 팡파르'라는 제목으로 다음 주중 구단주 회의가 소집될 것이며 월내 설립위를 구성할 예정이라는 사실을 일정표를 곁들여 자세히 보도하고 있었다. 팀당 연봉총액으로 8억5천만 원을 책정하였고 외국인 선수의 신장을 제한하는 한편 팀당 2~3명을 보유하도록 한다는 구체적인 내용도 담고 있었다.[01] 기사는 사실과 어긋난 내용이 별로 없었으므로 정보가 유출됐다고 볼 수밖에 없었다. 프로농구 추진위원회의 입장에서는 매우 곤란한 보도였다. 아직 농구협회 회장 김상하 이사회에도 보고하지 않은 구체적인 세부계획을 담고 있었기 때문이다. 김영기는 정면돌파하기로 결심했다. 즉시 김상하를 찾아가 자초지종을 설명하고, 이튿날 프라자호텔에서 기자회견을 열어 프로농구연맹 설립추진 계획안을 발표했다.

프로 원년인 1996년엔 삼성, 현대, 기아, SBS, 기업은행, 상무, 동양, 대우 등 8개 구단으로 리그를 운영하고 다음해부터 LG와 진로를 참여시킬 예정이었다. NBA처럼 4쿼터 3심제로 운영하지만 우

---

01   당시 경향신문의 농구담당 기자였던 박진환이 단독보도하였다. 그는 당시 프로농구 추진위원회를 방문했다가 파쇄기에 버려진 서류들을 발견하고 이를 정리해 해당 내용을 파악할 수 있었다고 술회하였다. 나중에 프로농구 LG 세이커스의 단장을 맡는 한상욱에게 물어 세부 규정이 갖는 의미를 확인하였다고 한다. 박진환은 훗날 월간 『점프볼』을 창간하여 평생에 걸쳐 농구발전에 이바지하였다.

리 선수들의 체력을 감안해 쿼터 당 12분이 아닌 10분씩 경기를 진행하기로 했다. 외국인 선수는 두 명 보유, 한 명 출전으로 제한키로 했다. 4월 24일 신라호텔에서 실업팀 선수들과 코치진, 구단 관계자 등 150여명이 참석한 가운데 첫 설명회를 열었다. 프로농구는 야구나 축구와 달리 계약금 제도를 채택하지 않고 미국식 연봉제를 도입할 것임을 밝혔다. 또 구단별로 샐러리캡(연봉 상한제)을 실시할 것이라는 말도 덧붙였다. 프로 출범을 학수고대하던 일부 노장 선수들은 계약금이 없다는 말에 실망을 금치 못하는 표정이었다. 특히 센터 포지션을 맡는 선수들은 "골밑에서 궂은일을 도맡아 하면서도 별로 빛을 보지 못하는 자리인데 이런 현상이 되풀이되면 농구 지망생이 줄어들 것"이라고 지적하였다.

프로농구 설명회가 끝나자 농구계는 뜨겁게 달아올랐다. 아마 농구 관계자들은 노골적으로 반대 의사를 드러냈다. 지방 농구인들도 설명회를 요청하는 등 프로농구 찬반 논쟁이 벌어졌다. 이 무렵 감사원에 근무하던 김영기의 고려대 법대 동기 고재동이 얘기할 게 있다며 만나자고 했다. 대학 동문인 중앙일보의 한규남, 정보통신부 정덕교와 함께 어느 중국음식점에서 만났다. 고재동은 "너 몸조심해라. 지난번에 어느 술집에 갔더니 옆자리에 앉은 젊은이 대여섯 명이 '김영기가 한국농구를 망친다.'며 네 욕을 엄청나게 하더라. 도대체 무슨 일이 있느냐?"고 물었다. 김영기는 그동안 추진해온 농구 프로화에 대해 간략하게 설명하였다. 그러자 고재동은 "박한

(당시 고려대 농구감독)이 생각은 어때?" 하고 되물었다. 김영기는 "대학농구계는 모두 반대 입장이지."라고 짧게 대답하였다. 고재동은 그 말을 듣고 점잖게 충고하였다. "모교에서 반대하면 하지 말아야지." 대학을 짓밟고 가면 안 된다는 말이었다. 이때부터 비난 전화가 빗발쳤다. 낮과 밤을 가리지 않았다. 밤 12시가 지나도 집으로 전화를 해 험한 욕을 해댔다. "한국농구를 말아 먹으려는 것이냐."는 밑도 끝도 없는 비난을 일방적으로 늘어놓고는 끊어버리기 일쑤였다. 김영기는 극심한 신경쇠약증에 시달렸다. 그의 아내는 밤이 되면 수화기를 내려놓았다.

그래도 바퀴는 쉼없이 굴렀다. 프로농구 설립위원회는 1996년 7월 11일 신라호텔에서 프로 참여 의사를 밝힌 구단주들이 참석한 가운데 첫 모임을 갖고 신임 위원장에 대한농구협회장 김상하를 선출하고 서울방송감사 문근을 감사로 선정하였다. 위원회는 또 각 팀에서 1명씩 운영위원을 선임해 월말까지 정관과 규정을 작성하기로 했다. 그리하여 늦어도 8월말까지는 모든 준비 작업을 완료키로 한 것이다. 그런데 위원장을 맡은 김상하는 농구인들의 반대가 거세자 "농구계 의견을 존중해 프로화를 조금만 늦추면 어떻겠느냐."며 소극적인 자세를 보였다. 모임에도 거의 나오지 않았다. 이런 가운데 9월 2일 산업은행 농구팀을 전격 인수한 나래이동통신이 한국은행 선수들을 보강해 프로에 동참할 것을 선언했다. 이미 진로와 LG가 이듬해 팀을 창단해 프로에 참여하기로 결정돼 있었기 때문에 난감한 일이었다. 10개 구단이 프로 출범을 합의한 터였기에 결원이 생기면 우선 배려하기로 약속하고 나래이동통신의 가입을 유보했다.

이런 가운데 김영기는 지방으로 프로농구 출범에 대해 설명하러 다녔다. 일단 농구협회 대의원총회에서 프로화 안건을 통과시켜야 했다. 그러려면 지방 대의원들의 동의를 얻는 게 급선무였다. 지방 대의원들은 프로농구를 기대하면서도 아마농구 위축을 우려하는 조심스러운 입장이었다. 아무튼 지방은 물론 초·중·고 연맹 관계자들에 대한 설명까지 끝냈다. 마침내 10월 15일 올림픽 파크텔에서 임시 대의원총회를 열었다. 김상하 회장이 중국 출장으로 참석하지 못해 부회장인 변승목이 사회를 맡았다. 이미 지방을 돌며 충분히 설명했건만 대의원들의 반응은 싸늘했다. 어느 대의원은 "이 자리에서 프로연맹을 승인하지 않으면 어떻게 되느냐."고 물었다. 김영기는 "되돌릴 수 없을 만큼 프로화가 진척됐다. 여기서 통과되지 않아도 별도 법인으로 문화체육부(현 문화관광부)에 등록할 것"이라고 설명했다. 이때 중앙대의원으로 참석한 윤항섭과 신재숙 등 농구 원로들이 나서서 "이게 무슨 짓이냐. 농구인들이 모두 화합해서 가도 성공을 확신할 수 없는데 이런 식으로 의견이 갈려서야 되겠느냐. 모두가 잘 되자고 하는 것 아니냐."고 좌중을 꾸짖고 찬성의 뜻을 밝혔다. 결국 찬성 18, 반대 3, 기권 2표로 KBL 출범 안건이 가결됐다.

프로농구 개막

마침내 1996년 10월 16일 서울 소공동 롯데호텔에서 KBL 창립 총회가 열렸다. 프로화를 추진해온 구단주들은 이 자리에서 만장일치로 SBS 회장 윤세영을 KBL 초대 총재로 추대했다. 당초 프로농구 설립준비위원회는 농구협회장 김상하를 초대 총재로 내정했다. 그러나 김상하가 고사했다. 그는 "농구협회 회장이 프로농구연맹의 총재를 맡는 것은 농구계 화합을 위해 적절하지 않다."며 최현열 당시 실업연맹 회장을 추천했다. 그의 추천은 준비위원들의 기대에 미치지 못했다. 준비위원들은 지명도가 높고 영향력이 강한 인물이 연맹의 수장을 맡아야 한다고 생각했다. 이때 동양단장 박용규, 기아단장 최상철, 대우단장 오기택, LG단장 권혁철 등이 윤세영을 회장으로 추천했다. 윤세영이 신생 KBL을 이끌고 나아갈 적임자라는 데 이의가 없었다. 김영기도 주저하지 않고 찬성했다. 내심 언

　　　　　　　　　　　　　　　　　　　농구인 김영기

론사의 막강한 영향력이 프로농구가 성공하는 데 힘이 되어 주리라고 기대했다. 윤세영은 연세대 농구부 OB회장을 지낸 황재구와 사돈 관계로 국내 농구계 사정에도 밝았다. 그는 총재직을 받아들이되 단서를 달았다.

"구단주가 총재를 맡는 것은 문제가 있다. 프로농구가 초석을 다지는 6개월~1년 동안만 총재직을 맡겠다."

윤세영이 초대 총재로 취임하자 즉시 효과가 나타나기 시작했다. 구단주들이 직접 설립위원회에 참가하는 등 적극적인 자세를 보였다. 창립총회에서는 기존 실업팀 삼성, 현대, 기아, SBS, 동양, 대우, 기업은행에 상무를 포함한 8개 구단이 1997년 1월 하순 원년리그를 출범시키기로 의견을 모았다. 그리고 13명으로 이사진을 구성, 문화체육부에 사단법인 등록을 신청하기로 했다. 이 무렵 문화체육부 차관보로 일하던 최창신이 문체부와 농구협회, KBL이 참여하는 3자 회의를 열자고 연락했다. 김영기는 이사를 맡은 이인표와 함께 출석하였다. 최창신과 농구협회 전무 허만우, 사무국장 정호천이 기다리고 있었다. 최창신은 서울신문 기자 출신으로 김영기와 사이가 좋은 후배였다. 그러나 이 날은 불편한 대화를 피할 수 없었다.

최창신은 김영기가 자리에 앉기가 무섭게 입을 뗐다.

"김 선배, 농구계 반대가 너무 심하니 이거 1년만 늦춥시다."

김영기는 짐짓 화를 벌컥 내며 언성을 높였다.

"아니 무슨 말을 하는 거요. 이제 와서 1년을 늦추라니. 도대체 어느 편이야."

　김영기가 짐짓 화를 낸 것은 회의에 참석하기 전에 입수한 정보가 있었기 때문이었다. 그는 회의를 앞두고 최창신이 몇몇 농구 원로들을 만났다는 얘기를 들었다. 최창신이 틀림없이 프로농구 출범 연기를 요청했을 것이라는 것이 김영기의 생각이었다. 당시 문화체육부의 입장은 분명하지 않았다. 부서마다 의견이 엇갈렸다. 아마추어 스포츠를 관장하는 체육지도육성과는 농구협회의 입장을 옹호하며 프로화에 미온적인 자세였다. 반면 프로스포츠와 사회체육을 관장하는 생활체육과는 프로 출범에 비교적 협조적이었다. 체육행정을 총괄하는 차관보서 최창신의 마음이 확고하지 않음을 확인한 김영기는 윤세영을 찾아가 KBL이 법인 승인을 받을 수 있도록 영향력을 행사해 달라고 요청했다. 윤세영은 김영기의 요청을 받아들여 문화체육부 장관 김영수를 면담했다. 훗날 KBL의 총재직을 맡게 되는 김영수는 빠르고도 정확한 판단으로 프로농구가 차질 없이 출범할 수 있도록 길을 열어 주었다.

　프로는 연고지 제도가 활성화돼야 성공한다. KBL은 지방 도시를 각 구단의 연고지로 삼고, 서울에는 연고 구단을 두지 않고 경기만 열기로 했다. 구단들이 희망하는 연고지를 접수하니 대부분 수도권 도시를 선호했다. 수원과 인천을 원하는 구단이 가장 많았다. KBL이 나서서 중재해야 했다. 인천에 자동차공장을 둔 대우는 시의 적극적인 유치 노력에 힘입어 인천을 연고지로 정했다. 삼성은 대규모 전자공장이 있는 수원을 차지할 수 있었다. 기아는 부산, 동양은 대구, 현대는 대전을 연고지로 정했다. 문제는 SBS였다. SBS는 회사 공식명칭이 '서울방송'이라는 이유를 들어 지방으로 갈 수 없다고 했다. KBL은 고심 끝에 안양을 SBS의 연고지로 배정했다. 당시 안양에는 큰 경기를 치를 수 있는 체육관조차 변변치 않았다. 그렇지만 안양은 서울방송 시청권에 있었고 당장은 인프라를 갖추지 못했지만 그렇기에 발전 가능성이 크다고 볼 여지가 있었다.

　이 무렵 산업은행을 인수한 나래텔에는 춘천이나 원주를 연고지로 선택하도록 했다. 애초에 프로 동참이 쉽지 않았던 나래텔은 상무 대신 참여할 수 있게 되었다. 상무는 외국인 선수를 기용할 수 없었기 때문에 프로리그에 참여해 경기를 하면 '동네북' 신세가 될 것이 불을 보듯 뻔했다. 따라서 프로리그에 참여하지 않는 것이 순리였다. 기업은행은 프로화에 적극적이었지만 국책은행이란 성격 때문에 결단을 내리지 못하고 있었다. 그러던 중 뜻밖에 나산그룹이 기업은행 농구단을 인수해 프로 참여를 추진하고 있다는 뉴스가 터졌다. KBL이나 김영기도 모르는 사이에 나산그룹이 기업은행 코치진과 접촉해 농구단을 전격 매입한 것이었다. 나산그룹 회장 안병균은 윤세영과도 잘 아는 사이였다. 그의 고향이 전라남도 나주였으므로 나산 구단의 연고지도 자연스럽게 광주로 자리잡았다. 이렇게 해서 프로농구 원년리그엔 삼성(수원), 현대(대전), 기아(부산), SBS(안양), 대우(인천), 동양(대구), 나래(원주), 나산(광주) 등 8개 팀의 참가가 확정되었다.

프로농구 설립위원회는 법인 설립 인가가 나기도 전에 외국인 선수 선발을 서둘렀다. 주기선, 윤명현, 차명도 등이 주축이 된 LA 미주농구협회의 도움을 받아 미국에서 한국 프로농구 참가를 원하는 선수들을 모집해 '트라이아웃'을 하기로 결정했다. 당시에는 프로야구나 프로축구도 외국인 선수 출전을 허용하지 않고 있었다. 문화체육부는 프로농구 트라이아웃을 불허한다고 통보해 왔다. 이런 상황 속에서 김영기는 국제스포츠계에서 한국농구계의 신용이 하락할 것을 우려해 신중하자는 입장을 견지했다. 그러나 젊은 위원들은 트라이아웃 강행을 주장했다. 첫 외국인 선수 트라이아웃은 문화체육부의 승인을 구하지 못한 가운데 열렸다. 문화체육부는 여론의 동향을 신중하게 살피다가 외국인 선수 수입을 뒤늦게 허락했다.

프로리그에 참여하는 구단에서는 외국인 선수가 경기력에 미치는 영향이 클 것임을 충분히 예상하고 있었다. 그렇기에 기량이 뛰어난 외국인 선수를 뽑기 위해 노력했다. 구단관계자들은 1996년 11월 9일부터 이틀간 미국 로스앤젤레스의 UCLA 체육관에서 트라이아웃을 열기로 일정이 정해지자 대거 현지로 몰려갔다. 11월 6일 삼성전자와 대우증권, 진로 팀의 관계자들이 미국으로 떠났다. 이튿날에는 나머지 구단의 관계자들이 출국하였다. 트라이아웃은 실전 위주의 테스트 성격이 강했다. 총 14시간 동안 실시한 테스트에서는 레이업슛이나 볼 핸들링, 스피드 등 기술적인 측면과 인터뷰를 통해 매너 등을 체크하였다. 테스트에는 200명이 지원했는데 서류심사를 통해 대상 선수 92명을 추렸다. 이 가운데 16명을 뽑을 계획이었다. 원년 리그에 참가하지 않는 LG와 진로를 제외한 8개 팀이 각각 2명씩 외국인 선수를 보유하는 것이다.

각팀이 보유하는 외국인 선수는 2m3cm와 1m90cm이하 각각 한 명씩으로 신장제한을 두었고, 월봉도 1만 달러 이하로 정해 놓았다. 트라이아웃을 통해 선발된 외국인선수들은 KBL이 문화체육부로부터 사단법인 인가를 받는 대로 취업비자를 발급받아 입국하도록 하였다. 트라이아웃은 최종적으로 7개 구단에서 14명을 뽑고 마감됐다. 소속 선수들의 프로화 반대로 난항을 겪던 기업은행(나산)이 외국인선수 선발을 포기했기 때문이다.[02] 프로농구 원년 리그에 출전할 외국인 선수들은 1996년 12월 29일 오전 한국에 들어와 힐튼호텔에서 합동기자회견에 참석했고,[03] 이듬해 1월 3일부터 소속팀의 훈련에 참가했다.

미국에서 트라이아웃을 진행하는 동안 김영기는 국내에 남아 일했다. 사단법인 인가가 나지 않았기 때문이다. KBL은 8개 구단 구단주들이 회원이 돼 법인을 만드는 것이기 때문에 모든 서류를 갖춰 신청하는 데 인감도장을 1000여 번이나 찍어야 했다. 대기업 총

---

02 기업은행의 선수들은 계약금 없이 연봉의 50%를 미리 지급하는 대여금 제도에 집단 반발했다.

03 김영기는 마이크를 잡고 한국어와 영어를 번갈아 구사하며 합동기자회견을 진행했다.

수의 인감도장을 받는 것부터 쉽지 않았다. 더구나 당시 연맹 사무실이 서초구에 있었기 때문에 먼저 서초구청에 설립 인가 신청서를 내야 했다. 어렵게 서초구청을 통과하면 다시 서울시청으로, 다시 문화체육부로 부지런히 쫓아다녔다. 11월 22일에야 '사단법인 한국농구연맹'이 정식으로 탄생했다. 보기에 따라서는 기적과 같은 일이었다. 창립총회를 연 지 불과 석 달 보름. 번갯불에 콩 구워 먹듯 팀 구성과 연고지 선정을 마무리하고 심판진을 갖춰 프로농구 원년 리그를 치르게 된 것이다.

1997년 2월 1일. 일주일 전에 끝난 농구대잔치와는 또 다른 모습의 농구 경기가 서울 올림픽공원 제2체육관(펜싱경기장)에서 선보였다. 전날 인터컨티넨탈 호텔에서 화려한 전야제를 연 프로농구 개막행사는 예고된 축제였다. 개막식 입장권은 1월 30일 예매를 시작한 지 여덟 시간 만에 매진됐다. 8000원짜리 지정석 입장권과 6000원짜리 일반석 입장권은 2만~3만 원짜리 암표로 둔갑했지만 그나마 구하기 어려웠다. 가수 신효범이 반주 없이 애국가를 열창했고, 농구협회장 김상하의 개회 선언, 윤세영의 대회사, 대한체육회장 김운용의 축사와 문화체육부 장관 김영수의 격려사가 이어졌다. 대형 멀티비전을 통해 미국프로농구(NBA) 커미셔너 데이비드 스턴과 LA 레이커스의 간판 스타 섀킬 오닐의 축하 메시지가 방영되기도 했다. 국무총리 이수성이 대우와 SBS의 개막전 시구를 맡았다.

한국의 프로농구 출범은 미국에서도 주요 뉴스로 소개되었다.

미국 NBC-TV는 스포츠 앵커 아마다 리샤드를 파견해 준비과정부터 개막 전야제, 개막식 행사를 다양하게 취재토록 해 미국 전역에 '아시아의 농구 열풍'이라는 제목으로 특집 방송을 내보냈다. 개막 경기가 무사히 끝난 다음, 김영기는 심판위원장 백남정, 경기위원장 김인건 등 그동안 프로농구 출범을 위해 함께 노력한 동료들과 만찬을 함께 했다. 그들과 소주를 나누며 노고를 치하하고 축하를 나눴다. 김영기는 프로농구를 성공적으로 시작했다는 감격에 기분이 날아갈 듯했다. 동료들과 헤어져 집으로 돌아가는 길에 올림픽대로를 달리던 그는 잠실종합운동장 근처 선착장으로 내려가 차에서 내렸다. 짙은 어둠 속에 한강은 변함없이 흘렀다. 김영기는 눈물이 뺨을 타고 흘러내리는 것을 그대로 둔 채 속으로 되뇌었다. "기어코 해냈구나." 농구선수로, 농구 지도자로, 이제는 농구 행정가로, 자신이 할 수 있는 모든 것을 이루었다는 감격이 그의 전신을 휘감은 채 전류처럼 흐르고 있었다.

플러스 알파(+α)

김영기는 2004년 KBL 총재직을 내려놓고 야인으로 돌아간다. 우리 농구를 위한 그의 헌신도 마침표를 찍은 것 같았다. 그러나 그는 2014년 5월 22일 KBL 임시총회에서 경선 끝에 전 KBS 사장 김인규를 제치고 제8대 총재로 선출됐다. 무효표가 나와 다시 진행한 투표에서 8개 구단의 지지를 받았다. 2002년 11월 제3대 총재로 추대돼 2004년 4월까지 프로농구를 이끈 김영기는 이로써 두 번째로 총재직을 맡은 것이다. 그의 출마나 취임 모두 뜻밖의 일이었다. KBL이 어려움을 겪을 때마다 김영기의 이름이 거론되었지만 그는 늘 "황혼을 즐길 나이다. 왜 내 이름을 언급해 부담을 주는지 모르겠다."고 했기 때문이다. "아무런 미련도 없다."며 총총히 떠난 그가 복귀를 결심한 까닭은 무엇일까. 그의 출마는 막바지에 내린 결정이었다. 경선을 하루 앞두고 생각을 바꿨다. 김영기가 복귀할 무렵

농구인 김영기

프로농구계에는 위기설이 파다했다. 중계방송이나 언론 보도 횟수가 크게 줄었고, 팬들의 관심도 이전만 못했다.

"프로농구의 기초공사를 한 담당자로서 이대로 흘러가게 놔둘 수 없다."

김영기는 2014년 7월 1일 서울 강남구 KBL센터에서 취임식을 했다. 3년 임기의 출발선에서 그는 프로농구를 최고의 인기 스포츠로 성장시키겠다고 다짐했다. 취임사에서 "저를 이 자리에 다시 불러주신 것은 예전의 인기를 되찾으라는 뜻으로 받아들이겠다. 초심의 자세로 기본에 충실하면 KBL이 다시 한 번 우뚝 설 기회가 올 것이라고 믿고 있다."고 했다. 그러면서 "프로농구는 중요한 갈림길에 서 있다. 팬들에게 사랑을 받는 종목으로 도약할 수도 있지만 침체를 거듭할 수도 있다. 최고 인기 스포츠로의 위상을 되찾기 위한 혼신의 뜀박질에 앞장서겠다."고 다짐했다.

김영기는 "그동안 비경기인 출신들이 행정을 맡다 보니 경기 관리가 소홀했던 것 같다. 과거의 재미있고 흥미진진했던 경기를 다시 만드는 것이 급선무다."라고 설명했다. 그는 "일단 명품, 명작부터 만들고 장사할 생각"이라며 세 가지 재미를 되찾겠다고 했다. 빠른 경기 전개와 정밀한 슛, 덩크슛과 같은 화려한 퍼포먼스. 김영기는 인기 회복의 열쇠로 심판들의 전문성 강화를 꼽았다. 그는 "선수들의 플레이는 발전했지만 잦은 파울과 오심으로 재미가 반감되고 있다."고 우려했다. 특히 심판진의 역량과 전문성 부족을 큰 문제로 지적했는데 이 문제는 지금도 KBL의 숙제로 남아 있다.

두 번째 총재 임기를 맞은 김영기는 "심판들이 여전히 우유부단하고 복지부동하다."고 강하게 비판했다. 그는 "규정을 잘못 적용하는 사례가 너무 잦다. 지휘자 한 명이 악보를 다르게 연주하면 모든 지휘자가 괜찮다는 듯이 따라하고 있다."고 개탄했다. 그러면서 "다양한 방안을 강구하겠다."고 다짐했다. 그 중 하나가 비디오 판독의 확대다. 김영기는 "기계의 힘을 빌려서라도 공정하고 빠른 경기를 하기 위해 심판들에게 많은 노력을 요구하겠다."고 했다. 그가 도입하기로 결심한 비디오 판독 제도는 현재 프로농구 리그에 일반적으로 적용되고 있다.

김영기가 두 차례에 걸쳐 총재로 일한 결과를 어떻게 평가해야 할지는 농구인과 언론, 연구자마다 시각이 다를 수 있다. 한국 프로농구의 출범은 그의 전인적인 활약에 힘입었다는 점을 부인하기 어렵다. 따라서 그를 프로농구의 설계자이자 산파라고 불러도 틀린 말은 아니다. 한국 프로농구 리그는 지금도 그가 설계한 원형을 유지한 채 운영되고 있다. 프로농구가 출범한 다음 그가 맡은 역할은 그 이전과 전혀 달랐을 것이다. 연맹(KBL)은 경기와 시즌의 운영만을 위해 존재하지 않는다. 회원사들의 이해가 엇갈리고 경쟁과 주도권 싸움도 피할 길 없다. 경기인들이 지배하는 아마추어 운동단체와는 근본적으로 다른 것이다.

김영기는 아마추어 시절의 권위를 유지하고 인정받으면서 첫 번째 임기를 수행하였다고 평가할 수 있다. 그의 전격적인 사임도 같은 맥락에서 이해할 수 있다. KBL과 프로농구의 정체성을 자신과 일치시키지 않았다면 시즌 경기 중에 벌어진 불상사를 총재가 책임 져야 하고 그러기 위해 물러서야 한다는 판단을 하기 어렵다고 본 다. 반면 10년의 공백 끝에 돌아와 맞은 김영기의 두 번째 임기는 그가 연맹의 달라진(어쩌면 원래부터 그러했을) 성격과 속성을 깊이 이 해하면서 내적으로는 갈등하고 실무에서는 고뇌하면서 보낸 시간 이라고 본다. 그러므로 이 시기를 중심으로 한 평가는 임기 중 발생 한 여러 사안들에 대한 그의 판단과 결정에 대한 깊은 이해를 전제 로서 요구한다.

군말 또는 갈무리

김영기는 한국 남자농구 역사상 광복 이후 등장한 첫 대중스타로서 국내외의 인정을 받았으며 스포츠팬은 물론 대중의 신뢰를 얻었다. 김영기는 한국농구의 기술 수준이 향상되기 이전에 농구에 입문했으나 미국인 코치 존 번의 짧은 지도를 적극적으로 수용하여 자기 발전의 기회로 삼았다. 그는 여기에 그치지 않고 다양한 기술을 스스로 개발하고 자신만의 방식으로 훈련하여 매우 높은 수준의 경기력을 확보함으로써 국제적인 경쟁력을 발휘한 드문 사례에 속한다. 그는 1956년 멜버른올림픽과 1964년 도쿄올림픽, 1964년 프리올림픽에서 세계 유수의 팀과 선수를 상대하며 뛰어난 기량으로 명성을 얻었다. 한국 남자농구는 김영기가 프리올림픽에서 크게 활약한 데 힘입어 1964년 도쿄올림픽 출전 자격을 획득하였다.

국제무대에서 빛난 김영기의 경기력은 탁월한 개인기라는 특징으로 요약된다. 김영기는 트위스트 슛, 원 핸드 슛, 빠르고 다양한 드리블을 누구의 가르침도 없이 독자적으로 개발하고 익혀 자유롭게 사용하였다. 김영기가 존 번의 지도를 받았다고는 하나 구체적

농구인 김영기

기술을 배웠다기보다는 일찍이 품고 있던 의문에 대한 해답을 얻고 의구심을 해소한 과정으로 볼 수 있다. 그는 자신이 목표로 하는 기술을 몸이 익히기 위해 훈련 방법도 스스로 개발해 적용하였다. 그를 통하여 뛰어난 지도자의 자극이 얼마나 중요한지 알 수 있을 뿐 아니라 선수의 발전에 있어 물리적 자질 외에 선명한 목표의식과 창의력이 뒷받침되어야 함을 확인할 수 있다.

한국 남자농구는 1967년 도쿄 유니버시아드 준우승, 1970년 세계남자농구선수권대회 11위 등 짧게나마 세계 수준의 경쟁력을 발휘한 사례가 있다. 그러나 2023년 현재 한국 남자농구는 동아시아의 중국과 일본, 동남아시아의 필리핀, 중동의 이란 등에 밀려 아시아에서도 정상 도전이 쉽지 않은 것이 현실이다. 현재의 경기력으로는 올림픽이나 세계선수권대회 출전을 기대하기 어려운 수준이다. 이러한 현실을 돌아볼 때 김영기가 온 생애를 던져 관철한 창의와 도전, 개인적 분발과 성취의 기억은 훌륭한 본보기요 교훈으로서 긴 여운을 남긴다.

김영기는 은퇴 후 방송해설자와 코치로서도 능력을 발휘했다. 특히 1969년 아시아남자농구선수권대회와 1970년 아시아경기대회에서 한국을 아시아 정상으로 이끌었다. 1970년 세계남자농구선수권대회에서 기록한 11위는 한국의 역대 최고 성적으로 남아 있다. 김영기가 지도한 국가대표선수들은 김인건, 신동파, 김영일, 이인표 등 그의 대표선수 경력 후반기에 함께 활약한 후배들이 주축이었다. 이들 후배 세대는 학생 시절부터 김영기를 흠모하고 그의 기량을 선망했으며 배우기를 원했던 선수들이다. 김영기의 유산은 김인건, 이인표, 방열, 신동파 등으로 이어졌고 이들은 훗날 농구 지도자가 되어 한국 남녀농구의 중심인물로 활약했다. 그러므로 김영기의 영향력은 세기를 넘어 2000년대까지 이어졌다고 보아도 과언이 아니다.

미개발 시기의 우리 스포츠 토양에서 스스로 싹을 틔워 국제적인 수준의 경기력을 확보한 김영기는 농구를 넘어 스포츠와 관련 부문에서 광범위한 영향력을 발휘한 중심인물이다. 김영기는 인기 있는 스포츠 스타의 차원을 넘어 우리 사회의 존경과 신뢰를 받는 유명인사(Celebrity)로서 바람직한 일면을 제시하였다. 세계를 무대로 활동하는 한국의 체육인이 폭증하고 한국 스포츠가 대중적인 문화산업으로 성장하면서 사회적 책임을 요구받기에 이른 현실을 감안하면 김영기의 선구자적 업적과 그가 남긴 정신적 유산의 발전적 계승이 필요하다고 본다.

김영기 프로필

1936년 1월 7일 서울 출생. 배재고등학교, 고려대학교 법학과 졸업, 1956년~1964년 농구국
가대표(멜버른/도쿄올림픽, 자카르타 아시아경기대회 출전), 1969년~1975년 농구국가대표 지도자(방콕
아시아선수권대회, 방콕 아시아경기대회 우승), 1976년 중소기업은행 지점장, 1980년 대한체육회 이
사, 1982년 대학스포츠위원회 위원장, 1983년 대한체육회 부회장, 1984년 로스앤젤레스올림
픽 한국 선수단 총감독, 1985년 대한체육회 선수자격 심사위원장, 1988년 신용보증기금 전무
이사, 1989년 대한농구협회 부회장, 1991년 신보창업투자 대표이사, 1996년 KBL 전무이사,
1999년 KBL 부총재, 2002년~2004년 제3대 KBL 총재, 2014년~2018년 제8대 KBL 총재

허진석

서울에서 태어나 동국대학교 국어국문학과를 졸업하고 동국대학교 대학원에서 이학박사 학위를 취득했다. 주요 저서로 『농구 코트의 젊은 영웅들』(1994), 『타이프라이터의 죽음으로부터 불법적인 섹스까지』(1994), 『농구 코트의 젊은 영웅들 2』(1996), 『길거리 농구 핸드북』(1997), 『X-레이 필름 속의 어둠』(2001), 『스포츠 공화국의 탄생』(2010), 『스포츠 보도의 이론과 실제』(2011), 『그렇다, 우리는 호모 루덴스다』(2012), 『미디어를 요리하라』(2012·공저), 『아메리칸 바스켓볼』(2013), 『우리 아버지 시대의 마이클 조던, 득점기계 신동파』(2014), 『놀이 인간』(2015·★2016 세종도서 교양부문 선정도서), 『휴먼 피치』(2016), 『맘보 김인건』(2017), 『기자의 독서』(2018), 『옆구리에 대한 궁금증』(2018), 『한국 태권도연구사의 검토』(2019·공저·★2020 대한민국학술원 우수학술도서), 『기자의 산책』(2019), 『아픈 곳이 모두 기억난다』(2019·★2020 동국문학상), 『금요일의 역사』(2020), 『바스켓볼 다이어리』(2021), 『여자이야기』(2022), 『스포츠 보도학 개론』(2022) 등이 있다.

농구인 김영기

ⓒ 허진석 2023

초판 1쇄 인쇄 2023년 10월 12일
초판 1쇄 발행 2023년 10월 26일

지은이 허진석
펴낸이 최종숙
펴낸곳 글누림출판사

편　집 이태곤 권분옥 임애정 강윤경
디자인 안혜진 최선주 이경진
마케팅 박태훈

주　소 서울시 서초구 동광로46길 6-6(반포4동 577-25) 문창빌딩 2층(06589)
전　화 02-3409-2055(대표), 2058(영업), 2060(편집)
팩　스 02-3409-2059
전자메일 geulnurim2005@daum.net
홈페이지 www.geulnurim.co.kr
블로그 blog.naver.com/geulnurim
북트레블러 post.naver.com/geulnurim
등록번호 제303-2005-000038호(2005.10.5.)